Regina Grabbet

Hallo, hallo, schön, dass ihr da seid

Ideen für Bildungsaktivitäten mit Kindern aus Flüchtlingsunterkünften

BURCKHARDTHAUS

Umschlaggestaltung: Patricia Fuchs, AVR, München
Titelfoto: andreapetrlik/fotolia.com
Redaktion: Anja Lusch, Tobias Schudok, Körner Medien UG
Satz und Layout: Alfons Schmid, München
Druck und Verarbeitung: Himmer, Augsburg

Fotos u. Illustrationen: S. 1 Luis Louro/fotolia.com, S. 3 ff. Robert Kneschke/fotolia.com, S. 5 mauritius images/Roberto Fumagalli/Alamy, S. 8, 17 mauritius images/Adrian Sherratt/Alamy, S. 11 mauritius images/ton koene/Alamy, S. 12 dr322/fotolia.com, S. 15 Lydia Geissler/fotolia.com, S. 19 Jasmin Merdan/fotolia.com, S. 21 micromonkey/fotolia.com, S. 28 drubig-photo/fotolia.com, S. 30, 34, 85 f. Robert Knescke/fotolia.com, S. 32 petlyaroman/fotolia.com, S. 42, 101 wckiw/fotolia.com, S. 60 mihi/fotolia.com, S. 53 koi88/fotolia.com, S. 57-59, 61 f. Hanne Türk/KIM Verlag, S. 65 mauritius images/E.D. Torial/Alamy, S. 68 f., 71 o., 74 f., 77, 81 f. Anja Lusch, S. 70, 71 u., 73, 79 Tobias Schudok, S. 78 Simone Schudok, S. 80 14ktgold/fotolia.com, S. 83 Pei Yi Chen, S. 84 A. Schudok, S. 98 by-studio/fotolia.com, S. 99 schoki_01/fotolia.com, S. 100 OFC Pictures/fotolia.com, S. 104 jordi2r/fotolia.com, S. 108 sinuswelle/fotolia.com

www.burckhardthaus-laetare.de

ISBN: 978-3-944548-25-8

Inhalt

Vorwort

Im Herbst 2014 wurde ich zum ersten Mal mit der Situation konfrontiert, dass Flüchtlingskinder mit ihren Familien an verschiedenen Orten in Hamburg untergebracht werden sollten. Gemeinsam mit Schülerinnen und Schülern unserer Schule, der Fachschule für Sozialpädagogik Wagnerstraße (FSP 1), sammelten wir Spielzeug für diese Kinder und brachten es in die Unterkünfte.

Später hatten wir jedoch den Eindruck, dass die Kinder sich auch über den Kontakt mit uns gefreut haben. Wir wollten ihre Langeweile vertreiben – mit ihnen spielen, tanzen, singen, kreativ etwas gestalten, Ausflüge machen usw.

Im Januar 2015 wurden wir, meine Schüler und ich, dann einige Wochen lang täglich in einer Flüchtlingsunterkunft aktiv. Wir stellten fest, dass die Kinder sehr froh über unsere Angebote waren. Sie freuten sich über die Möglichkeiten sich zu Musik zu bewegen oder kreativ etwas zu gestalten, über Spiele zur Sprachförderung, über Spiele mit Verkleidungen, über Konstruktionsspiele, Sinneswahrnehmungsspiele und über Geschicklichkeitsspiele. Sie waren auf vieles neugierig, auch auf kleine, physikalische Experimente, die wir gemeinsam ausprobierten.

In dieser Zeit haben meine Schüler und ich diese Kinder lieben gelernt und viele besondere Erlebnisse mit ihnen geteilt. Sie haben uns morgens bereits stürmisch begrüßt und nachmittags liebevoll verabschiedet.

Inzwischen gibt es sehr viele Unterkünfte in Hamburg und in ganz Deutschland. Kinder müssen mit ihren Familien in Baumarkthallen oder Zeltdörfern leben und haben kaum Platz zum Spielen. Sie leben in riesigen Gruppen und müssen viel aushalten. Bereits auf der Flucht haben sie viel erlebt. Jetzt müssen sie noch mal viel ertragen.

Ich wundere mich manchmal darüber, dass die Kinder trotzdem noch so fröhlich und begeisterungsfähig sind. Es gibt jedoch auch traumatisierte Kinder. Der Umgang mit ihnen erfordert eine besondere Sensibilität. Darauf werde ich im Buch ebenfalls eingehen.

Viele ehrenamtliche Helfer kümmern sich im Rahmen der Kinderbetreuung um die Flüchtlingskinder. Für diese wunderbaren Menschen, die ich in Hamburg seit einem Jahr fortbilden darf und alle anderen bereits pädagogisch gebildeten Menschen, die aktiv mit diesen Kindern umgehen, habe ich dieses Ideenbuch geschrieben. Es soll dazu beitragen, den Flüchtlingskindern bedürfnisorientierte Angebote zu machen, die ihnen Spaß bringen und für eine Weile helfen, ihren schweren Alltag zu bewältigen.

Es wird in diesem Buch auch berücksichtigt, dass die Kinderbetreuer/innen in den Aufnahmelagern oft unter schwierigen Rahmenbedingungen mit den Kindern arbeiten. Es gibt kaum Spielfläche. Der Platz wird für Übernachtungsplätze gebraucht. In ungewöhnlichen Zeiten brauchen wir kreative Ideen. Unser Ziel sollte es sein, den Kindern in den Unterkünften ein Leben zu ermöglichen, das sie Kind sein lässt, trotz schwieriger Bedingungen.

Ebenfalls ist es wichtig, die Eltern einzubeziehen. Ich habe die Erfahrung gemacht, dass von den Kindern und ihren Eltern ganz viel zurückkommt. Energie, die den Einsatz belohnt. Die Art, wie die Kinder trotz Sprachproblemen auf die Angebote reagieren, macht gute Laune und die können wir selbst mitunter gebrauchen!

Ein herzliches Dankeschön geht an Daniela Urbons für die Schreibarbeiten und an die Kolleginnen der FSP1: Almut Koch, Alexander Mottok (Musik), Franziska Günther (Kreatives Gestalten), Ines Rakowski, Sylvia Stehrenberg, Gitta Carstensen (Sprache und Bewegung), Dr.Silke Veers (pädagogische Beratung), BWB Kurs der Schüler (Spiele).

Viel Spaß mit den Ideen!
Regina Grabbet

A.

Flüchtlingskinder – Herausforderung und Bereicherung

Im Jahr 2015 sind sehr viele Flüchtlinge zu uns nach Deutschland gekommen. Viele werden noch folgen! Sie flüchten vor Krieg und Not. Wenn sie hier ankommen, sind sie von der Flucht gezeichnet.

Viele Menschen in Deutschland melden sich als ehrenamtliche Helfer/innen. Sie melden sich für die Essensversorgung, die Kleiderkammer – und die Kinderbetreuung.

Mit Sicherheit haben die Kinder in Flüchtlingsunterkünften ähnliche Bedürfnisse wie alle anderen Kinder auch. Aber sie leben unter anderen Bedingungen. Sie kommen aus einer anderen Kultur und beherrschen zunächst die deutsche Sprache nicht. Hier leben sie oft unter extremen Bedingungen, auf engem Raum; sie haben kein Spielzeug, keine Malsachen, ... Die Umgebung ist fremd und sie haben schlimme

Erlebnisse zu verarbeiten. Oftmals werden sie auch mit den traurigen Gefühlen ihrer nächsten Angehörigen konfrontiert und mit Streit und Aggressivität von manchen Menschen in ihrer Umgebung. Das Zusammenleben mit den vielen Menschen, deren Geduldsfäden manchmal reißen, die sich streiten und schreien, ist für die Kinder oft anstrengend, manchmal auch beängstigend. Sie sind mittendrin und müssen alles irgendwie verarbeiten. Es hilft den Kindern, wenn sie Angebote wahrnehmen können, die ihren Bedürfnissen nach Bewegung, Spiel, Spaß und Lernen entgegenkommen und sie für kurze Zeit den grauen Alltag im Containerdorf, der Baumarkthalle oder Turnhalle vergessen lässt.

Immer wieder erlebe ich die Kinder aus den Flüchtlingsunterkünften als Bereicherung, weil sie so neugierig, lernfreudig und besonders sind. Sie greifen begierig Angebote auf, möchten die deutsche Sprache lernen, möchten sich ausprobieren, möchten kreativ etwas gestalten. Sie sind oft mit einfachen Dingen zufrieden und nicht so überfüttert wie deutsche Kinder.

Für diese Kinder sind oftmals Alltagsmaterialien sehr interessant. Sie bauen aus Toilettenrollen stundenlang Kugelbahnen, sie basteln aus alten Kartons Autos oder Puppenhäuser, sie freuen sich über Strumpfpuppen und bekleben Schachteln, um darin etwas aufzubewahren. Sie verkleiden sich gerne, tanzen dann vergnügt zur Musik und lassen ihrer Mimik und Gestik freien Lauf.

Fotos dieser Aktionen sind sehr beliebt – sie freuen sich, wenn sie Fotos von sich mit zu ihrem Schlafplatz nehmen dürfen. Mitunter verschwinden jedoch auch andere Dinge, die ihnen gefallen, in Socken oder Hosentaschen, da sie nichts zum Spielen haben. Deshalb ist es wichtig, Regeln zu erklären und auch zu kontrollieren, ob sie eingehalten werden. Das ist eine große Herausforderung für alle Betreuer/innen.

1 Umgang mit der besonderen Situation

1.1 Umgang mit Sprachproblemen

Viele Menschen, mit denen ich mich über die Aktivitäten mit den Flüchtlingskindern unterhalten habe, fragen mich, wie wir mit den Sprachproblemen zurechtkommen. Natürlich gibt es Probleme bei der Verständigung. Allerdings führt dies mitunter auch zu kuriosen und lustigen Situationen.

Wir machen uns durch Mimik und Gestik verständlich. Dadurch kommt es oft zu lustigen Situationen, in denen wir viel miteinander lachen. Außerdem lernen die Kinder sehr schnell die deutsche Sprache. Auch die Erwachsenen wollen so schnell wie möglich Deutsch lernen.

So entwickeln sich die Möglichkeiten der Verständigung. Auf Ausflügen wollten die Kinder wichtige Worte, die wir ihnen unterwegs vermittelt haben, gleich auf mein Mobiltelefon sprechen. Ein Junge aus Syrien, der sich erst seit zwei Wochen in Deutschland aufhielt, sprach die Worte „Nicht rumlaufen ... hinsetzen! Sonst gefährlich!“

in mein Handy. Ich habe sie bis heute nicht gelöscht.

Die Sprachprobleme sind nicht wirklich das größte Hindernis. Wir können sie durch viel Fantasie, pantomimische Kreativität, Humor, situative Flexibilität und Beziehungsaufbau überwinden. Außerdem ist die Entwicklung der Sprachkompetenz der Kinder und Erwachsenen in Bezug auf das Erlernen der deutschen Sprache ein Prozess, der Zeit braucht. Wenn wir bei den vorgeschlagenen Sprachförderspielen auch die Eltern einbeziehen, kann das viel Freude bringen und wir haben alle etwas davon.

1.2 Umgang mit Traumatisierung

Die Kinder, mit denen wir in den Flüchtlingsunterkünften spielen und arbeiten, haben oft Schlimmes erfahren. Sie haben Krieg erlebt, Tote gesehen, sie haben gesehen, wie Menschen starben und mit Waffen angegriffen wurden. Sie haben Gewalt erlebt, Angst vor der Gefahr und Angst davor, die Flucht nicht zu bewältigen. Hunger, Durst und viel körperlicher Stress waren ihr Alltag. Oft erlebten sie auch die Tränen und die Überforderung ihrer Familie und ihrer Freunde. Mit all diesen Erlebnissen müssen die Kinder leben und umgehen lernen. Vieles verdrängen sie

zunächst. Manchmal habe ich erlebt, dass Kinder die Erlebnisse beim Malen von Bildern oder beim Spielen verarbeiten. Mitunter erzählen auch Eltern von den Erfahrungen, welche die Kinder gemacht haben und sie können uns wichtige Hinweise geben, die uns helfen, das Verhalten der Kinder zu verstehen. Bei der Traumatisierung handelt es sich um eine seelische Verletzung (Trauma, griechisch: Wunde). Der Psychotherapeut Dr. Peter Riedesser beschreibt das Trauma als „ein vitales Diskrepanzerlebnis zwischen bedrohlichen Situationsfaktoren und den individuellen Bewältigungsmöglichkeiten – das mit Gefühlen von Hilflosigkeit und schutzloser Preisgabe einhergeht und dauerhafte Erschütterung von Selbst- und Weltverständnis bedeutet." In der Arbeit mit Flüchtlingskindern beobachten wir Kinder, die sich zurückziehen, kaum sprechen und traurig wirken. Wir erleben aber auch Kinder, die hyperaktiv und aggressiv sind. Kinder, die Angststörungen zeigen. Wir sind mit Verhaltensweisen konfrontiert, mit denen wir situativ umgehen lernen.

Ich musste ein Musikspiel, bei dem es darum ging, dass Kinder ausscheiden müssen, unterbrechen. Ein Junge bekam keinen Platz und reagierte mit so heftigem Weinen, dass er kaum zu beruhigen war. Wir gaben ihm zu verstehen, dass er weiter mitmachen dürfe und sorgten dafür, dass er sich beruhigte.

Er bewegte sich zur Musik nicht mehr um die Stühle, sondern blieb auf seinem Stuhl sitzen, der ihm somit sicher war. Sicherheit bedeutet Kindern, die traumatisiert sind, viel. Die Mutter des Jungen erklärte mir in englischer Sprache, dass sie bei der Flucht auf dem Schlepperboot alle Angst hatten, beim Gerangel um die Plätze, leer auszugehen. Bei einem Ausflug mit Flüchtlingskindern schob ein syrischer Vater seinen neunjährigen Sohn zu unserer Gruppe. Er meinte, der Junge habe Lust, den warmen Indoor-Spielplatz zu besuchen, um mal aus der Unterkunft herauszukommen und könne allein mitfahren.

Wir fuhren mit einem Linienbus durch Hamburg zu unserem Ziel. Plötzlich klopfte der Junge neben mir verzweifelt an die Fensterscheibe des Busses. Er weinte leise vor sich hin, während er fest meine Hand hielt. Eine meiner Schülerinnen, die Arabisch spricht, erklärte ihm, dass wir unterwegs zu einem Spielplatz seien und dass wir ihn am Nachmittag wieder zurück zu seinen Eltern in die Unterkunft bringen würden. Er beruhigte sich dann, ließ aber meine Hand nicht los und suchte Schutz.

- Traumatisierte Kinder brauchen Schutz und Sicherheit.
- Sie brauchen verstärkt das Gefühl, dass sie einem Erwachsenen vertrauen können.
- Wichtig für solche Kinder sind klare Strukturen, positive Erlebnisse, positiv formulierte Regeln, Lob und Wertschätzung.

Zum Wohlfühlen gehört auch eine gute Atmosphäre. Auch wenn wir die Raumatmosphäre in einem Container oder einer Baumarkthalle nicht beeinflussen können, so können wir durch unsere Ausstrahlung, unsere Haltung und die Stimmung bei unserer Aktivität die Atmosphäre beeinflussen. Wenn wir im Umgang mit den Kindern verstärkt Stimmungsschwankungen, Unruhe und Probleme im Sozialverhalten erleben, so sollten wir uns unbedingt im Helferkreis darüber austauschen und uns gegenseitig unterstützen. Mitunter kann es zu Überforderung während der Durchführung von Aktivitäten kommen.

Wir erlebten, dass ein Mädchen plötzlich Stühle an die Wand warf, da es nicht das Spielzeug bekam, welches es wollte. In diesem Fall ist es wichtig, die Situation abzubremsen, bevor sie eskaliert, etwa indem wir uns neben das Kind setzen und ihm ruhig zu verstehen geben, dass das so nicht geht. Ich habe erlebt, dass es diesen Kindern bei ihren „Ausrastern" hilft, wenn sie Zuwendung erfahren. Als ich den Arm um das Mädchen legte, weinte es. In einer ähnlichen Situation musste ich am nächsten Tag nur auf das Mädchen zugehen und bestimmt aber liebevoll „NEIN" sagen – begleitet mit Mimik und Gestik. Daraufhin setzte sich das Mädchen sofort auf einen Stuhl.

Gut für die Kinder sind Angebote, die ihnen helfen, mit ihren Gefühlen umzugehen (siehe „Bildungsbereich Spiel und Bewegung", S. 79). Wir sollten ihnen die Möglichkeit bieten, neue, positive Erfahrungen in einem sicheren Rahmen zu machen.

Manche Kinder nehmen die Angebote nicht an, die ihnen helfen würden, Gefühle auszudrücken und reagieren mit Abwehrstrukturen. Dies sollten wir gelassen hinnehmen. Ihr Verhalten ändert sich mit zunehmender Sicherheit. Je mehr Zeit wir haben, durch die Arbeit mit diesen Kindern eine Beziehung zu ihnen aufzubauen,

desto mehr Chancen haben wir auf positive Entwicklungen. Wir sollten vermeiden, solche Kinder zu überfordern – und wir sollten das Gespräch mit den Eltern suchen, um Informationen über den Hintergrund der Traumatisierung zu erhalten. Ich habe eine Helferin erlebt, die sehr viel Mitleid mit diesen Kindern hatte und sie mit Süßigkeiten verwöhnte. Das ist kein Weg! Wir sollten liebevoll, aber auch konsequent sein und eher positive Bildungserlebnisse schaffen! In der Kita sollten Handlungskonzepte im Umgang mit diesen Kindern individuell abgestimmt werden. Wenn die Chance besteht, eine Traumatherapie für diese Kinder zu vermitteln, ist das großartig. Wenn Sie als Pädagogin oder Pädagoge eine Fortbildung zu diesem Thema besuchen, ist dies aber bereits sehr hilfreich. Solche Angebote gibt es in vielen Städten!

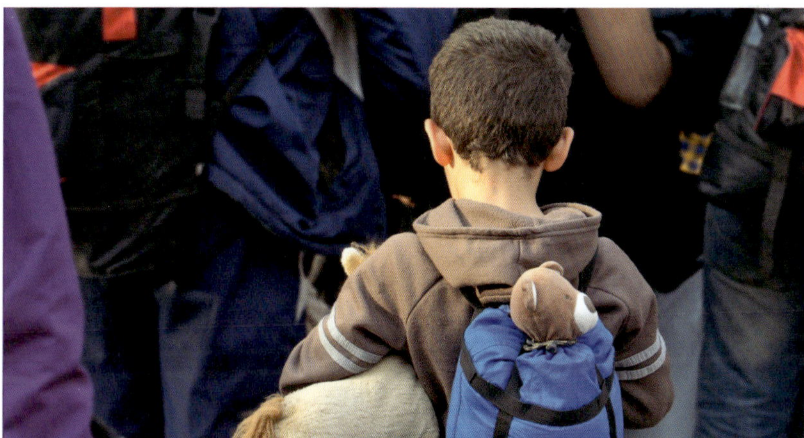

1.3 Umgang mit schwierigen Rahmenbedingungen

Schon im Sommer 2014 kamen viele tausend Flüchtlinge nach Deutschland. Sie alle brauchten einen Schlafplatz! Schlafplätze sind erst einmal wichtiger als Spielfläche. Für uns ist die Arbeitssituation dadurch aber schwieriger. Wir müssen uns darauf einstellen, unsere Hilfe in der Ecke einer Halle, eines Zeltes oder in einem kleinen Containerraum anzubieten. Oftmals mussten wir vor dem Zaun, der die Unterkunft der Kinder umgab, spielen. Oft auch mit VIELEN

Kindern! Alle wollten mal Abwechslung. Wir haben in verschiedenen „Schichten“ Kindergruppen herausgeholt – jede Gruppe durfte 30 Minuten spielen. Vorher haben wir aus großen, grünen, blauen, gelben und roten Pappen Karten geschnitten. Sogenannte „Mitmachkarten“ für unsere Spiele. Wir haben diese Karten an die Kinder verteilt. Dann haben wir eine große Pappe hochgehalten, etwa eine blaue, und alle Kinder, die eine blaue Mitmachkarte hatten, kamen vor den Eingang oder in die Ecke der Halle. Sie nahmen an unserem Angebot teil, das zum Beispiel aus Bewegungsspielen und gemeinsamen Klatschrhythmusspielen bestand. Außerdem bekamen sie Bälle, Springseile, bunte Tücher aus unserem Materialkoffer und konnten damit spielen. Einen tragbaren Musikrekorder mit Akkus hatten wir auch dabei. Nach einer halben Stunde wechselte die Gruppe. Nun waren die Kinder mit einer anderen Kartenfarbe dran. Hinter dem Zaun der Unterkunft beobachteten uns die Eltern der Kinder oder sie standen direkt um uns herum. Manchmal klatschten sie, bei Tanzspielen bewegten sie sich ebenfalls zur Musik.

Alle Kinder waren diszipliniert und geduldig! Sie warteten, bis sie an der Reihe waren und waren froh, dass sie Abwechslung hatten und spielen durften. Wir haben gelegentlich auch mit einer großen Gruppe aus Eltern und Kindern gespielt. Dazu brauchten wir ein Megaphon und einen Dolmetscher, der die Spielregeln übersetzte. Diese Aufgabe übernahmen meist freundliche Personen vom Sicherheitsdienst oder Bewohner, die Deutsch oder Englisch sprachen. Einfacher ist es für Erzieher/innen, die in der Kita arbeiten oder im Hort Flüchtlingskinder aufnehmen. Sie haben zumindest ihre Räume und ihr Material. Die Probleme gestalten sich dann anders. Sie haben nicht immer einfache Integrationsaufgaben zu bewältigen. Darauf gehe ich am Ende des Kapitels noch ein. Zunächst zum Problem der Betreuung direkt in den Unterkünften: Es gibt oft kein Material! Deshalb ist es ratsam, sich Materialkoffer mit Sammlungen von Alltagsmaterialien zuzulegen, mit selbst angefertigten Karten und Brettspielen oder billig erstandenen Spielen vom Flohmarkt. Sportgeschäfte haben uns Bälle und Sportmaterial gespendet. Wir hatten sie davon überzeugt, wie dringend die Kinder diese Materialien brauchen.Außerdem gibt es in jeder Stadt Hilfsfonds der „Flüchtlingshilfe“, die Spendengelder sammeln. Dort kann man für Aktionen und Materialbedarf Anträge stellen.

1.4 Umgang mit den verschiedenen Kulturen und Religionen

Wenn wir mit Flüchtlingskindern arbeiten, ist es wichtig zu wissen, aus welchen Kulturen sie kommen und welcher Religion sie angehören. Wir sollten uns dann auch mit den jeweiligen Kulturen der Herkunftsländer beschäftigen. Es ist auch für uns spannend, diese kennenzulernen. Informationen über die verschiedenen Kulturen finden wir im Internet und in zahlreichen Büchern und Filmen. Interessant ist es auch, sich mit Bewohnern auf Englisch über ihre Kultur zu unterhalten. Es tut ihnen oftmals gut, wenn sie etwas von ihrer Kultur erzählen können und sie haben das Gefühl, dass wir uns für ihr Land interessieren. Schön ist es für die Kinder und die Eltern, wenn wir in unseren Angeboten die Kultur ihres Landes aufgreifen, die Musik, das Essen, die Rituale, die Tänze. Feste sind dafür besonders geeignete Anlässe (siehe „Hinweise zur Gestaltung von Festen und Veranstaltungen“, S. 29).

In den Unterkünften leben Menschen aus vielen verschiedenen Ländern zusammen. Auch für sie ist es daher wichtig, tolerant gegenüber anderen Religionen und Kulturen zu sein. Bei der Integration von Flüchtlingskindern in den Kitas und Schulen ergeben sich mitunter Probleme, wenn deutsche Eltern eine negativ-bewertende Haltung gegenüber dem „Fremden", dem „Anderssein" einnehmen.

Eltern und Kinder sollten andere Kulturen als Bereicherung erleben und nicht nur die deutsche Kultur als die einzig Wahre und Richtige ansehen. Es geht darum, schon im Kindesalter eine tolerante Grundhaltung zu vermitteln und so diskriminierende Verhaltensweisen abzubauen oder gar nicht erst entstehen zu lassen. Wichtig für die Arbeit mit den Kindern und Eltern ist es, Toleranz und gegenseitige Wertschätzung zu leben und zu vermitteln.

Dazu ist es notwendig, sich gegenseitig gut kennenzulernen, Kultur und Individualität wichtig zu nehmen und Vorurteile und Wahrnehmung zu thematisieren. All das kann im gemeinsamen Spiel geschehen.

Ebenfalls ist wichtig, Identität und Werte zu stärken, Konfliktlösungen im Umgang und in der Kommunikation miteinander spielerisch zu finden und zu vermitteln. Auch wir selbst müssen uns mit unseren Vorurteilen auseinandersetzen, wenn wir mit Flüchtlingsfamilien arbeiten. Die Flüchtlingskinder erleben im dichtgedrängten Zusammenleben mit anderen Kulturen Konflikte, die Erwachsene verschiedener Kulturen miteinander austragen. Sie erleben viel Streit und Gewalttätigkeit und müssen lernen, damit umzugehen. Wir können im Zusammensein, in gemeinsamen Aktivitäten helfen, mit diesen Konflikten umzugehen und eine Haltung der Wertschätzung, Achtung und Toleranz zu entwickeln.

1.5 Umgang mit den Bedürfnissen der Kinder in der speziellen Lebenssituation

Die Kinder haben in den Unterkünften in dieser besonderen Lebenssituation vorrangig:

- das Bedürfnis nach Bewegung
- das Bedürfnis nach Abwechslung
- das Bedürfnis nach Geschicklichkeitsherausforderungen; danach zu zeigen, wie sie, mit dem was sie können, Aufgaben bewältigen (etwa ein Puzzle zusammenlegen oder ein Haus aus Legosteinen bauen usw.)
- das Bedürfnis die deutsche Sprache zu lernen
- das Bedürfnis Lieder zu kennen und singen zu können, Musik zu machen
- das Bedürfnis rauszugehen, auch bei Regen
- das Bedürfnis ihre Gefühle auszudrücken

- das Bedürfnis zu tanzen
- das Bedürfnis etwas herzustellen, etwas kreativ zu gestalten
- das Bedürfnis bei Langeweile auch in ihrer Unterkunft etwas zum Spielen zu haben (zum Beispiel ein selbst hergestelltes Spiel)

Für uns ist es wichtig, diesen Bedürfnissen gerecht zu werden, positiv damit umzugehen. Deshalb sollten wir unterschiedliche Aktivitäten anbieten. Manchmal reicht es auch, Material für Aktivitäten bereit zu stellen. Material zum Gestalten, zum Bewegen, für die Sinneswahrnehmung, für die Sprachförderung. Die Kinder entwickeln selbst etwas damit und es ist spannend, Begleiter und Beobachter dabei zu sein und an ihrer Begeisterung teilzuhaben.

Die gute Basis für unsere Angebote an die Kinder ist, ihre Motivation aktiv zu werden. Mitunter sind die Kinder, wenn sie aus der Enge ihrer Schlafplätze heraus kommen, wild, laut und lebendig. Das ist völlig verständlich und wir schaffen ihnen, z. B. durch Bewegungsspiele, Möglichkeiten, sich auszutoben und wiederum durch entspannte Aktivitäten, zur Ruhe zu kommen.

Wenn wir eine Aktivität durchführen wollen, bei der Ruhe und Konzentration wichtig sind, ist es gut, wenn wir vorher den Kindern die Möglichkeit geben, sich auszupowern.

Wenn die Kinder zuerst ihrem Bewegungsdrang nachgehen konnten, waren sie anschließend viel offener für ruhigere Aktivitäten, bei denen sie sich konzentrieren mussten (Aktivitäten zum kreativen Gestalten, kleine physikalische Experimente, mathematische Spiele, ...).

2 Hinweise zur Durchführung von Aktivitäten

2.1 Bedeutung von Ritualen, Strukturen und Konzepten

Bei den Aktivitäten mit Kindern in den Unterkünften und im Gespräch mit ehrenamtlichen Mitarbeitern in der Kinderbetreuung wurde immer wieder deutlich, dass Strukturen und Rituale eine große Bedeutung haben.

Die Kinder brauchen Halt, sie haben viel Chaos, Unsicherheit und Unruhe auf der Flucht erlebt und sie erleben noch mehr Chaos und Unruhe in der Unterkunft. Mitunter müssen sie die Unterkünfte auch noch wechseln.

Leider ist es oft so, dass es kaum Konzepte und Strukturen in der ehrenamtlichen Betreuung von Kindern in den Unterkünften gibt. Daran muss dringend gearbeitet werden. Auch für die Integration von Flüchtlingskindern in den Kitas sind Konzepte wichtig. Konzepte und Strukturen tragen dazu bei, dass Kinder Orientierungshilfen bekommen.

Bereits auf den Plakaten zur Ankündigung von Angeboten sollten wir deutlich machen, wann das Angebot stattfindet, für welche Altersgruppe es geeignet ist und worum es geht.

Auch die Mitarbeiter sollten sich, ehe sie die Aktionen durchführen, gut absprechen.

Mitunter tun sich Erzieher und ehrenamtliche Betreuer schwer ...

- Angebote mit kleineren Gruppen durchzuführen.
- die Kinder nach Alter zu trennen.
- darauf zu achten, dass sie sich selbst nicht überfordern.
- Angebote auch zu wiederholen.
- Phasen einzubauen, in denen die Kinder sich sinnvoll selbst beschäftigen können.
- darauf zu achten, dass Lärm und Lautstärke reduziert sind.
- die Rahmenbedingungen für die Aktivitäten so zu organisieren, dass so wenig Stress wie möglich entsteht.
- sich untereinander so abzusprechen, dass durch gute Teamarbeit die Arbeit leichter wird. (Einer macht ruhige Angebote, der andere Angebote zum auspowern.)
- den Raum so zu gestalten, dass die Aktivitäten auch leicht durchzuführen sind.
- das Material so zu ordnen und aufzubewahren, dass sie schnell an das Benötigte herankommen.
- Aktivitäten anzubieten, an denen sie auch selbst Freude haben.
- Regeln festzulegen und Konsequenzen abzusprechen, die auf die (Nicht-)Einhaltung folgen.
- mit Ritualen zu arbeiten (Anfangslieder, Abschlussreime oder Abschlussspiel).

Aus meiner Erfahrung heraus kann ich sagen, dass wir Unruhe bei den Aktivitäten mit Flüchtlingskindern vermeiden konnten, wenn von Anfang an die Regeln klar gestellt wurden, z. B. mithilfe laminierter Schilder oder verbal vermittelt durch die Hilfe von Dolmetschern (das können auch Flüchtlinge sein, die beim Übersetzen helfen).

Auf das Einhalten dieser Regeln muss zum Wohl aller geachtet werden. Konsequenzen, die bei Nichteinhaltung der Regeln folgen, müssen abgesprochen sein.

Demonstrieren Sie pantomimisch, was nicht erlaubt ist:

Auch wenn die Flüchtlingskinder noch kaum Deutsch sprechen, verstehen sie die Aussage von Regeln durch Mimik und Gestik.

Vor jeder Aktivität habe ich mit einigen Kindern oder Schülern demonstriert, was nicht erlaubt ist. Mögliche Störungen der Aktivitäten werden vor der Gruppe pantomimisch gezeigt und dann wird gemeinsam gerufen: „Nein! Das geht nicht!"

Wenn wir die Möglichkeit haben, dass ein Dolmetscher dies den Kindern verständlich übersetzt, ist dies natürlich sehr hilfreich.

Dinge wie Schubsen, Schlagen, Schreien, Herumrennen im Zimmer, anderen Kindern Spielzeug Wegnehmen, das Entwenden von Spielzeug allgemein, ... sind nicht erlaubt.

Nachdem wir immer wieder zur Belustigung der Kinder dieses „störende Verhalten" mit entsprechender Gestik und Mimik gezeigt haben und darauf hingewiesen haben, dass solches Verhalten nicht akzeptiert wird, geht es darum, auch konsequent zu reagieren, wenn es doch dazu kommt.

Das betreffende Kind wird angetippt und alle anderen sagen laut: „Nein, das geht nicht!"

Die Kinder gewöhnen sich schnell an dieses Signal und reduzieren die Störungen.

Ausweise für positives Verhalten:

Erfolgreich können wir auch mit „Ausweisen" arbeiten.

Wir basteln für jedes Kind einen kleinen, aufklappbaren Ausweis aus Pappe. Dort kleben wir sein Foto hinein und tragen den Namen ein.

Immer wenn eine Aktivität beendet ist und die Kinder nicht gestört haben, malen wir ihnen einen Smiley hinein.

Wer gestört hat, bekommt keinen Smiley. Negative Symbole für Störungen sollten wir nicht verwenden, nur positive Symbole für positive Verstärkung.

2.2 Hinweise zur Einbeziehung von Familien

Die Eltern der Kinder, mit denen wir gearbeitet haben, interessierten sich immer sehr für das, was wir mit den Kindern machten. Natürlich kam es auch vor, dass sie froh darüber waren, dass wir ihnen die Kinder einmal abnahmen und sie sich ausruhen oder um andere Dinge kümmern konnten.

Die Teilnahme an den Aktivitäten lenkte sie meistens gut ab von ihrem grauen Alltag und von der Langeweile in den Unterkünften.

Sie freuten sich, dass ihre Kinder Spaß hatten und schauten glücklich zu. Einige machten Aufnahmen mit Handys. Diese Aufnahmen haben sie sich immer wieder angeschaut.

Meist gibt es in den Unterkünften keine Fernseher. Da ist es durchaus kurzweilig, die Aufnahmen der Aktivitäten zu sehen und sie auch anderen Mitbewohnern zu zeigen.

Zu unseren ersten Erfahrungen mit den Eltern der Flüchtlingskinder gehörte, dass wir feststellten, dass die Eltern genauso gerne die Spiele spielen wollten, die wir für ihre Kinder vorbereitet hatten.

Die Kinder haben dann vorgeschlagen, dass erst sie spielen und dann ihre Eltern.

Es war ein besonderes Erlebnis. Die Kinder schauten dabei zu, wie die Eltern ein Musikstoppspiel spielten und umgekehrt schauten die Eltern beim Spielspaß ihrer Kinder zu.

Die Zuschauergruppe klatschte der anderen Gruppe jeweils Beifall, das war eine besondere Erfahrung.

Wir denken viel darüber nach, Eltern noch intensiver und stärker in die Kinderbetreuung mit einzubeziehen.

Unter den syrischen und afghanischen Frauen gibt es einige, die in ihrem Land als Lehrerinnen gearbeitet haben und eine pädagogische Ausbildung haben.

Wir könnten ihnen helfen, Brücken zu bauen, damit sie selbst die Kinderbetreuung übernehmen können.

Sie leben den Alltag in den Unterkünften, sie kennen ihn.

Sie sind die Experten und können sich mit unserer Unterstützung und mit Fortbildungen damit auseinandersetzen.

Auch bei Aktivitäten in den Unterkünften unter unserer Leitung sollten wir Eltern immer intensiv mit einbeziehen. Es ist gut, wenn Eltern auch Lieder, Spiele und kreative Gestaltungsideen kennen.

Wenn wir auch noch organisieren, dass sie sich bei der Security oder den Sozialarbeitern Material (in Koffern oder Kisten) ausleihen können, dann ist es auch möglich, dass sie außerhalb der Kinderbetreuungszeiten mit den Kindern spielen oder gestalten.

In unserer Schule drehen wir gerade Sprachlernvideos, die wir mit den Kindern und mithilfe von Handpuppen lustig gestalten. Sie helfen den Kindern dabei, die deutsche Sprache zu erlernen.

Die Eltern können wir dazu motivieren, dass sie, wenn es keine Angebote in der Unterkunft gibt, die Lern-DVDs mit den Kindern gemeinsam am Fernseher oder über einen Beamer anschauen.

Bei Ausflügen müssen wir Eltern mitnehmen. Sie übernehmen die Aufsichtspflicht für die Kinder. Ohne sie dürfen wir mit minderjährigen Kindern gar keine Ausflüge unternehmen. Die Eltern sind wichtige Helfer und Unterstützer und freuen sich auch selbst, wenn sie mal raus können. Auch für die Erweiterung ihrer Sprachkenntnisse sind solche Aktivitäten wichtig.

Je mehr wir Eltern mit in die Aktivitäten einbeziehen, desto selbstständiger werden sie im Organisieren und Handeln. Sie fühlen sich wichtig und werden integriert.

2.3 Hinweise zur Durchführung von Ausflügen in die Umgebung

Es ist für Flüchtlingskinder und ihre Familien sehr wichtig mal rauszukommen aus ihren Unterkünften. Denn dort ist es oft laut und eng, die Luft ist manchmal schlecht oder es ist kalt.

Wir haben im Herbst 2015 Kinder aus Zeltunterkünften geholt und haben mit ihnen Ausflüge an Orte unternommen, an denen es warm ist:

- Indoor-Spielplätze (Nach einem Anruf beim Besitzer gab es freien Eintritt.)
- Tropenhaus im Park
- Museum
- Klassenraum in unserer Schule, den wir vorher gemütlich vorbereitet hatten, mit Kinderbüfett und Deko
- Gemeinderaum einer Kirche, in dem wir eine Kinderdisco veranstaltet haben

Dies sind nur Beispiele. Es gibt noch viele Orte, die warm sind und interessant. Machen Sie sich je nach Ort und Unterkunft Gedanken und entwickeln Sie eigene kreative Ideen.

Im Frühling und Sommer sind Plätze im Freien, wie Spielplätze, Parks, Klettergärten, ... attraktiv.

Stellen Sie sich vor Ausflügen genaue Fragen:

- Wie kommen wir mit öffentlichen Verkehrsmitteln und/oder zu Fuß zum Ziel?
- Welchen Proviant packen wir für die Kinder ein? (Meistens haben sie unterwegs Hunger und Durst.)
- Welche Erwachsenen kommen als Begleitung mit (Eltern der Kinder, ehrenamtliche Helfer, Schüler, Kollegen usw.)?
- Welche Probleme könnten auftreten und wie gehen wir damit um?
- Entstehen Kosten und von welchen Spendengeldern können wir das finanzieren?
- Was singen und spielen wir, wenn wir länger an einer Haltestelle warten müssen?
- Dürfen wir mit Genehmigung der Eltern Fotos machen, die wir

den Kindern später als Erinnerung mitgeben? (Die Kinder lieben Fotos.)

- Sind die Kinder passend zum Wetter gekleidet oder können wir möglicherweise eine Tasche mit warmer Kleidung mitbringen?
- Tragen auch die Erwachsenen die passende Kleidung? (Mitunter haben Erwachsene eher Probleme bei schlechtem Wetter [Regen, Kälte, Wind] nach draußen zu gehen. Diese Haltung sollten sie überwinden, denn es macht mit der richtigen Kleidung auch Spaß, draußen aktiv zu sein.)
- Fährt jemand mit, der, wenn es nötig ist, dolmetschen kann?
- Haben wir einen kleinen Erste-Hilfe-Koffer für Notfälle dabei?
- Tragen die Kinder vielleicht kleine Armbänder mit ihrem Namen, dem Namen der Unterkunft und unserer Handynummer darauf?
- Wie verhalten wir uns, wenn die Kinder bei roter Ampel einfach über die Straße rennen? (Das haben wir häufiger erlebt. Es muss immer ein Erwachsener vorgehen und die Kinder an der Ampel daran hindern.)

Ausflüge sind wichtig, damit Kinder und ihre Familien die Umgebung kennenlernen. Sie bieten den Kindern nicht nur Abwechslung, sondern sind auch gut für die Sprachförderung. Auf Ausflügen sprechen alle viel miteinander, über das, was sie sehen und erleben. Ausflüge machen natürlich auch uns selbst viel Freude. Wir lernen die Kinder und ihre Eltern besser kennen, erleben etwas und haben Spaß.

Manchmal reicht es auch, in einen Wald oder Park zu fahren, wo sich, hinter Bäumen und Büschen, vielleicht lustig verkleidete Figuren aufhalten, welche die Kinder suchen dürfen ... Oder wir finden irgendwo einen vergrabenen Schatz oder machen eine Rallye durch einen Stadtteil. Vielleicht haben ja auch deutsche Kinder einer Kita Lust, den Flüchtlingskindern den Stadtteil zu zeigen? Vielleicht besuchen wir aber auch als Gäste eine Schule, eine Kita oder sonst eine Einrichtung?

Es gibt unzählige Möglichkeiten für Ausflüge mit Flüchtlingskindern. Sie sind neugierig auf ihre Umgebung und erleben gerne mal etwas anderes als ihr tristes Dasein in den Unterkünften.

Es gibt auch genügend hilfsbereite Sponsoren für solche Ausflüge. Wir sind beispielsweise einmal mit Kindern ans Meer gefahren. Die Fahrtkosten konnten wir mit Spendengeldern einer Stiftung begleichen.

Am besten Sie informieren sich, wo Sie Anträge für Spendengelder stellen können und wie Sie diese Anträge ausfüllen. Oder Sie stellen beim nächsten Geburtstag ein Sparschwein auf. Statt Geschenke werden Spenden für Ausflüge mit Flüchtlingskindern entgegengenommen.

Die Freude der Kinder bei den Ausflügen ist dabei das größte Geschenk.

2.4 Hinweise zur Gestaltung von Festen und Veranstaltungen

Das Problem in vielen Flüchtlingsunterkünften ist, dass dort so viele Kinder mit ihren Familien wohnen. Außerdem wohnen dort auch noch viele alleinstehende Menschen, vor allem Männer. Die können wir bei einem Fest nicht einfach im Schlafraum lassen. Sie möchten ja auch mal feiern.

Bei der Gestaltung unserer Feste in Unterkünften in Hamburg haben wir die Feier meist mit 300 Menschen gestaltet, darunter 100 Kinder.

In den „Massenunterkünften“, in denen 1000, 2000 oder auch 3000 Menschen untergebracht sind, kann man nur versuchen,

außerhalb der Unterkunft, in Schulräumen, Kitaräumen, Gemeinderäumen oder Räumen von Vereinen den Platz für ein Fest zu finden.

Meistens steht in den Unterkünften nicht genug freier Raum zur Verfügung. Wir sollten dann den Kindern und ihren Eltern den Vorrang geben und eventuell zwei Termine mit dem gleichen Programm ansetzen.

Kuchen, Kekse, Knabbersachen, Essen und Getränke lassen sich oft über Spenden einer Flüchtlingsinitiative im Bezirk bekommen. Nach meinen Erfahrungen spenden die Menschen bei einem Aufruf reichlich. Am besten lässt man die Spenden, kurz vor Beginn, direkt an den Veranstaltungsort bringen.

Bei den Flüchtlingskindern und ihren Eltern ist Musik sehr beliebt. Sie singen gerne und sie bewegen sich gerne zur Musik. Die Musik kann von einem Rekorder kommen, der möglichst laut sein sollte.

Noch beliebter ist jedoch Livemusik. Bei einer Feier mit 300 Menschen hatten wir einen Sänger und einen Gitarristen, die mehrere Songs zum Mitsingen vorgetragen haben und auch Bewohner in ihrer Sprache durch das Mikrophon haben singen lassen.

Wir haben vorher die Bewohner ihre Songs in ein Handy mit Aufnahmefunktion singen lassen, damit der Gitarrist sich auf die Melodie einstellen konnte.

B.

Aktivitäten zu den verschiedenen Bildungsbereichen

1. Materialkoffer

Um den Kindern bedürfnisgerechte Angebote machen zu können, empfehlen sich folgende Materialkoffer:

1. Bewegungsspielekoffer

Inhalt: Bälle, Seile, Seidentücher, Säckchen mit Reis oder Erbsen; alle Materialien, die zur Bewegung anregen und Spaß bringen

2. Sprachförderspielekoffer

Inhalt: alte Kassettenrekorder und Mikrofone, Joghurtbecher mit Plastikschnur dazwischen, laminierte Bild- und Fotokarten, Wäscheklammern, Wäscheleine, Kartons mit Deckel, Fühlbeutel, diverse Gebrauchsgegenstände

3. Koffer zum kreativen Gestalten

Inhalt: Wachsmalstifte, Papier, Buntstifte, Scheren, Klebeband, Kleber, Farben, Pinsel, Alltagsmaterialien (Zeitungspapier, Klopapierrollen, ...)

4. Koffer mit Verkleidungsmaterial

Inhalt: Schminke, Tücher, Wäscheklammern, Sicherheitsnadeln, Verkleidungsstücke wie Hüte, Brillen usw.

5. Musikkoffer

Inhalt: Rasseldosen und andere selbstgebastelte Instrumente (vgl. S. 76), Regenmacher, Xylophon, Triangel, Glöckchen, Handtrommel, einfache Flöten und viele Liedtexte

6. Mathekoffer

Inhalt: Behälter mit Münzen, Kugeln usw., Waage, Zahlen auf Pappe (laminiert), Maßband, Uhr, Formen wie Dreiecke, Kreise, Quadrate, alter Taschenrechner

7. Koffer mit Material für kleine physikalische Experimente

Inhalt: Korken, Fotodosen, Messbecher, Magnete, Trichter, Lupen, Mikroskop, Füllgläser mit Deckel, Pipetten, Taschenlampe, Behälter zum Umgießen

2. Bildungsbereich Sprache und Kommunikation

2.1 Sprache als Motor für die Identitätsentwicklung des Kindes

Die Sprache ist der Schlüssel zur Welt. Kinder sind empfänglich für Signale, für Klangfarben, Laute, Sprechmelodien, ...

Gerade Kinder aus Syrien, Eritrea, Albanien, Afghanistan, Russland ..., denen die deutsche Sprache fremd ist, erahnen, durch die Art, wie wir unsere Information vermitteln, oft, was wir ihnen mitteilen möchten.

Die Sprachmelodie, die Art der Betonung, der Klang unserer Stimme, Mimik und Gestik spielen hierbei eine Rolle.

Es ist erstaunlich, wie viel die Kinder so verstehen können, obwohl wir mit ihnen in deutscher Sprache sprechen, die sie noch nicht verstehen.

Die nonverbale Sprache ist Kommunikation in Handlungsprozessen. Auch bei der verbalen Kommunikation sollte Sprache in Handlungsprozesse eingebunden sein. Erst dann begreift das Kind die Bedeutung der Worte. Deshalb ist in der Sprachentwicklung von Kindern

auch das begleitende Sprechen bei Handlungen so wichtig.

Ein sprachliches Trainingsprogramm sollte in kulturelle und soziale Kontexte eingebunden sein. Wichtig ist, dass Kinder spüren, dass Erwachsene sich dafür interessieren, was sie denken. Oft habe ich mir bei Spielen mit Kindern aus den Unterkünften gewünscht, ihre Sprache sprechen zu können, denn ich möchte ihre Gefühle verstehen und ihre Gedanken teilen.

Meist haben die Kinder einen großen Wunsch danach, sich zu verständigen. Wichtig ist, dass wir ihnen bei ihren Bemühungen Aufmerksamkeit schenken und ihre Versuche, sich in deutscher Sprache auszudrücken, mit Wertschätzung begleiten.

Die Kinder lernen die deutsche Sprache am Besten über Sinneserfahrungen. Wenn sie etwa einen Apfel anfassen, riechen und schmecken und dabei immer wieder das Wort „Apfel" hören, werden sie das Wort für dieses runde, leckere Nahrungsmittel eher in ihren Gehirnzellen abspeichern, als wenn sie vor einem abstrakten Arbeitsblatt eines Sprachförderprogramms sitzen.

Bei der Sprachentwicklung brauchen Kinder persönliche Aktivität. Sie sollten die Möglichkeit der aktiven Teilnahme haben und nicht nur passiv partizipieren.

Begriffe ermöglichen dem Kind „Denkoperationen" – Sprache leitet Denken ein, verknüpft Erinnerungen mit der Gegenwart. Sprache ermöglicht es, Gefühle auszudrücken. In Kitas und auch in der Kinderbetreuung in den Flüchtlingsunterkünften ist die Sprachförderung, die Unterstützung sprachlicher Bildungsprozesse, ein ganz wichtiger Schwerpunkt.

In der Kita kann die Sprachvielfalt noch besser genutzt werden als in den Unterkünften. Denn in letzteren fehlen die Kinder, die Deutsch als Muttersprache sprechen. Deshalb ist es so wichtig, auch den Kindern in den Unterkünften, die keinen Kitaplatz haben, den Kontakt zu deutschen Kindern zu ermöglichen. Wir sollten sprachlicher Vielfalt mit Respekt begegnen. Nur so erfahren Kinder mit Migrationshintergrund, dass sie mit ihrer Familiensprache auch dazu gehören.

Die Sprache ist Motor für die Identitätsentwicklung des Kindes. Auch außerhalb der Familie sollte das Kind die Möglichkeit haben, sich verständigen zu können.

Das Wechselspiel von kognitiver und interaktiver Entwicklung ist wichtig für die Sprachkompetenz. Wenn die Flüchtlingskinder die Erfahrung machen, dass ihre Sprache nicht ausreicht, um sich auszudrücken und zu verständigen, bemühen sie sich, alles zu tun, um die deutsche Sprache zu lernen.

Mit der ersten Sprache hat das Kind wichtige Schritte beim Aufbau seiner Identität bewältigt. Viele Erzieherinnen und Erzieher in Kitas fordern, dass Eltern mit Migrationshintergrund mit ihren Kindern Deutsch sprechen sollten. In den Flüchtlingsfamilien bemühen sich Eltern um die deutsche Sprache. Das ist für sie jedoch nicht einfach, da wenige Deutschkurse angeboten werden. Daher ist es wichtig, die Eltern wenn möglich bei den Aktivitäten zur Sprachförderung der Kinder mit einzubeziehen.

Aus der Sprachforschung ist bekannt, dass Kinder, die ihre Erstsprache beherrschen, weniger Schwierigkeiten beim Erwerb der Zweitsprache haben. Das Erlernen einer Zweitsprache ist ein kreativer Prozess. Zu Beginn ist zu beobachten, dass die Kinder, die Deutsch als Zweitsprache lernen, im Satz Wörter auslassen, die wenig Informationen enthalten. Das Kind reduziert oft die Vielfalt in den Wortformen auf einige wenige und erleichtert sich auf diese Weise den Einstieg in die neue Sprache.

Natürlich ist die Basis des Konzeptes der situativen Sprachförderung, die Verknüpfung der Erfahrungen im Alltag mit den sprachlichen Übungen der Kinder, ihre Erlebnisse durch Sprache auszudrücken. Dieses sprachliche „Situationslernen“ der Kinder ist schon für Mitarbeiter in der Kita nicht einfach. Für die ehrenamtlichen Mitarbeiter in der Kinderbetreuung ist der Ansatz noch schwieriger umzusetzen.

Da dieser Ansatz jedoch sehr sinnvoll ist, finden Sie hier einige Ideen für gezielte Aktivitäten zur Sprachförderung, die Ihnen die Vermittlung erleichtern sollen:

2.2 Spiele zur Sprachförderung

2.2.1 Sprachspiele zur Sprachförderung

Das Spiel mit der Phantasiesprache

Es ist ein schönes Gefühl für Kinder, die unterschiedliche Sprachen sprechen, sich auf eine gemeinsame Ebene zu begeben. Für ein Spielerlebnis dieser Art, schaffen wir einfach eine Phantasiesprache.

Der Spielleiter zeigt, wie es geht: Er drückt ein Bedürfnis aus. So hat er etwa Durst und möchte, dass ihm jemand etwas zu Trinken gibt. Er wählt nun erfundene Laute und sagt zum Beispiel: „Makasabadu-mokilu-dobade-schomilu!", oder Ähnliches und zeigt dabei mit Mimik und Gestik, was er möchte.

Auch mit der Betonung seiner Stimme unterstreicht er sein Bedürfnis. Wer glaubt, herausgefunden zu haben, was der Mitspieler mit der lustigen Sprache möchte, bringt es ihm. Vielleicht unterhalten sich die beiden noch ein wenig in der Phantasiesprache. Auf jeden Fall bedankt sich der Spieler, dessen Wunsch erfüllt wurde, überschwänglich. Wer möchte, äußert dann ein anderes Bedürfnis in seiner individuellen Phantasiesprache.

Kinder mit Migrationshintergrund, ohne Kenntnisse der deutschen Sprache, sind häufig in der Situation, dass sie ihre Bedürfnisse zunächst in ihrer eigenen Sprache äußern und froh sind, wenn sie verstanden werden.

In einer Kita mit deutschen Kindern und Kindern mit Migrationshintergrund, können sich die deutschen Kinder durch das Spiel besser in die anderen Kinder hineinversetzen.

Das Spiel mit Gegenständen aus Kartons

In Kartons oder Koffer haben wir verschiedene Gegenstände, darunter auch Lebensmittel, gepackt, die im täglichen Leben wichtig sind. Geheimnisvoll nehmen wir nun, vielleicht nachdem wir ein Lied gesungen haben, einen Gegenstand aus dem Karton, zum Beispiel eine Tasse. Wir benennen den Gegenstand und alle wiederholen das Wort.

Wir wiederholen das so oft, bis wir das Gefühl haben, dass jedes Kind den Gegenstand kennt. Dann kommt der nächste Gegenstand dran, etwa ein Teller, ein Löffel, eine Zahnbürste, ... Wenn alles wieder im Karton ist, holen wir einen der Gegenstände heraus und tun so, als wüssten wir nicht, wie er heißt. Die Kinder helfen uns weiter und wir freuen uns darüber.

Dann folgen drei weitere Gegenstände, die wir nacheinander aus dem Karton holen. Je nach Alter sind zehn bis zwanzig Gegenstände im Karton. Wir sollten dieses Spiel öfter wiederholen. Die Kinder können die Gegenstände auch auf ein Blatt Papier malen. Sie können auch ein Blatt vorbereiten, auf dem die Gegenstände abgebildet sind. Nach dem Spiel gehen wir dann alle Wörter noch einmal durch. Die Kinder sind stolz auf jedes Wort, das sie können und sprechen die Worte auch oft mit dem Zettel in der Hand ihren Eltern vor.

Wenn die Kinder die Wörter kennen, erzählen wir eine Geschichte, in der die Wörter vorkommen. Dazu holt immer eines der Kinder den passenden Gegenstand zum Wort heraus.

Wenn wir das Gefühl haben, dass die Worte den Kindern bekannt sind, tauschen wir die Gegenstände im Karton gegen andere aus. Wichtig ist, dass wir uns dabei Zeit lassen und wirklich immer nur einen Gegenstand herausnehmen, damit wir die Kinder nicht überfordern. Auch die Wiederholung ist sehr wichtig. Wir können das Spiel mit Lebensmitteln, Kleidungsstücken, Gebrauchsgegenständen und vielen anderen Dingen spielen. Auch eine Handpuppe kann zum Einsatz kommen. Sie stellt die Dinge lustig und spielerisch vor und tut dann vielleicht so, als habe sie die Worte vergessen.

Wir lernen Deutsch mit unserer Sockenpuppe

Einzelne Socken können wir im Freundes- und Bekanntenkreis sammeln oder in günstigen Geschäften kaufen. Nun gestalten die Kinder die einzelnen Socken bunt, mit Wollresten, Knöpfen, Pappe, Glitzerfäden, Filzstiften und anderem.

Jedes Kind hat somit seine besondere Socke und gibt ihr einen Namen. Die Socke „wohnt" in einem kleinen Karton, der ebenfalls beklebt oder bemalt wird. Darauf steht dann auch der Name des Kindes, dem er gehört. Die Sockenhandpuppe hilft dem Kind Deutsch zu lernen. Sie kann „Guten Tag!" oder „Auf Wiedersehen!"

sagen, „Ich habe Hunger“ oder „Ich habe Durst.“, „Ich muss zur Toilette“ oder „Ich möchte mit dir spielen.“ Mit Hilfe der Handpuppe macht Deutschlernen Spaß.

Wenn die Socken dann schon etwas Deutsch können, unterhalten sie sich miteinander. Lustig ist auch ein Sockentheater. Wir schneiden in eine alte Decke oder ein Bettlaken Löcher. Durch diese Öffnungen können wir die Sockenpuppen stecken. Zwei Personen halten das Laken, die Kinder stehen dahinter.

Witzig ist auch, am Anfang Musik abzuspielen, zu der alle Sockenpuppen dann aus den Löchern schauen und tanzen. Danach sollten nur noch vereinzelte Sockenpuppen ihren Auftritt haben, um sich mit deutschen Worten zu unterhalten.

Das Spiel mit dem Aufnahmegerät und der Stimme

Die Kinder finden es lustig, wenn ihre Stimme aufgenommen wird und sie die Stimme dann anhören können. Dazu können Sie moderne Mobiltelefone mit Aufnahmefunktion benutzen, aber auch alte Kassettenrekorder, die es im Secondhandladen oder auf dem Flohmarkt gibt.

Wir können Kinder mithilfe von Bilderbüchern oder Bildkarten, Bilder benennen lassen. Sie sprechen dann die Worte in das Mobiltelefon. Wenn wir die Audioaufnahme abspielen, zeigen die Kinder auf das Bild zum Wort. Lassen Sie sich Zeit und stoppen Sie zwischendurch. Später können die Kinder auch Sätze sprechen.

Kinder drehen Sprachlernvideos für Kinder

Kinder hören nicht nur gerne ihre Stimme, sie sehen sich auch gern selbst in einem Video. Sehr viel Spaß hatten wir mit den Kindern, als sie sich verkleiden durften. Ein Kind verkleidete sich als Marktfrau und hatte einen Gemüsestand. Diesen hatten wir aus Kartons, einem Tisch und Körben angefertigt. Nun pries die Marktfrau einzeln das Obst und Gemüse an, hob jedes Stück hoch und benannte es.

So kann es dann auch beim Bäcker laufen, beim Maler, im Supermarkt an der Kasse, als Polizistin verkleidet, die die Verkehrsregeln erklärt, bei einem Lehrer, der Zahlen an die Tafel schreibt und benennt ... Die Kinder finden es lustig, Videos zu drehen. Außerdem lässt sich die Filmarbeit nutzen, um aus der Unterkunft herauszukommen, wenn die Kinder etwa im Zoo die Tiere benennen und filmen, am Hafen Spannendes entdecken oder im Park die Pflanzen oder Bäume identifizieren.

Kinder machen gern Spaß, deshalb können wir beim Drehen der Videos auch lustige Sachen einbauen. Ein integratives Projekt wird daraus, wenn deutsche Kitakinder diese Videos für Kinder drehen, die Deutsch lernen. Die Videos sollten wir so aufnehmen, dass sie später über einen Beamer, einen Fernseher oder Computerbildschirm den Kindern zum Lernen gezeigt werden können.

Auf den Tisch des Hauses

Die Kinder sitzen vor einem Tisch. Ein Spieler fängt an und sagt: „Auf den Tisch des Hauses bitte." Und dann nennt er einen Gegenstand, der im Raum ist und geholt werden muss, etwa ein Glas, ein Papier, eine Puppe. Wer zuerst den Gegenstand auf den Tisch gelegt hat, darf sich als Nächster einen Gegenstand auf den Tisch wünschen.

Geräusche-Memo

Die Kinder bilden Paare. Wir teilen jedem Paar ein Geräusch zu (etwa Tiergeräusche). Die Kinder verteilen sich im Raum. Zwei Kinder warten vor der Tür. Wenn sie wieder im Raum sind, hören sie sich das Geräusch von jedem Kind an und ordnen die Paare zu.

Funkerspiel

Jedes Kind bekommt eine Zahl. Der Funker beginnt. Er hält sich die Daumen beider Hände an die Stirnseiten und wedelt mit den Händen. Dabei sagt er: „Der Funker funkt (eine Zahl)", zum Beispiel 3. Die „3" muss nun ebenfalls mit den Händen an der Stirn wedeln und einer anderen Zahl zufunken. Wer nicht aufpasst, muss ausscheiden.

Wer die falsche Zahl sagt oder eine Zahl sagt, die schon ausgeschieden ist, ist auch raus. Wer bleibt übrig? Das Spiel wird nach einiger Übung immer schneller gespielt.

Reifen und Bänder

Aus Draht biegen wir einen Kreis, umwickeln ihn und befestigen Bänder daran. Alle halten sich daran fest und bewegen sich rechts und links herum zur Musik.

Ja und Nein

Die Kinder malen sich eine Ja- und eine Nein-Karte. Wir stellen nun einzelnen Kindern Fragen, etwa: „Bist du ein Junge?“ Das Kind zeigt darauf seine Ja- oder Nein-Karte. Wir überprüfen, ob das Kind richtig geantwortet hat. Wenn es falsch liegt, geben wir eine Erklärung durch Bilder, Mimik und Gestik.

Wir können etwa auch fragen: „Ist das eine Banane?“, und dem Kind einen Apfel zeigen. Das Kind entscheidet nun, ob es die Bezeichnung für richtig hält.

So lernen die Kinder Worte zuzuordnen und wir bekommen einen Eindruck davon, welchen Wortschatz sie bereits haben.

Lachen verboten

Alle stehen in einer Reihe. Ein Spieler steht vor der Reihe und sagt laut: „Lachen verboten!“ Sofort sind alle ernst.

Alle, die sich das Lachen nicht ganz verkneifen können, werden „aussortiert“. Die „aussortierten“ Spieler helfen mit, lachende Mitspieler zu entdecken. Wer bleibt übrig?

2.2.2 Bewegungsspiele zur Sprachförderung

Das Bewegungsspiel mit Bildkarten

Wir brauchen: verschiedene Bilder von Dingen, ausgeschnitten oder aufgemalt und auf eine Pappe aufgeklebt. An der Pappe ein Band befestigen, so dass sich jedes Kind eine Pappe umhängen kann.

Spielablauf: Die Kinder laufen durcheinander und bewegen sich zur Musik. Wenn die Musik stoppt, müssen sie zu einem anderen Kind gehen und sagen, was auf seiner Pappe abgebildet ist: vielleicht ein Auto, ein Haus, ein Mensch, ein Baum; alles Dinge, die nicht in einen Karton passen. Wir wiederholen das Spiel öfter. Zum Schluss stehen alle in einer Reihe. Jeder tritt hervor und sagt, was auf seiner Pappe abgebildet ist.

Alterskreis

Wir stellen uns in einen Kreis. Das jüngste Kind steht neben dem ältesten Kind. Die Kinder reihen sich nun entsprechend ihrem Alter ein. Ist das jüngste Kind vier Jahre alt, so stellt sich das fünf- oder sechsjährige Kind daneben. Es ist erlaubt, dass sich die Kinder gegenseitig mit den Fingern zeigen, wie alt sie sind. Nur gesprochen darf nicht werden. Zum Schluss wird überprüft, ob die Reihenfolge stimmt. Jedes Kind bekommt ein Blatt Papier mit seiner Zahl darauf. So können die Kinder auch die Zahlenreihenfolge lernen.

Name und Bewegung

Jedes Kind nennt seinen Namen und eine Eigenschaft oder ein Hobby und führt eine dazu passende Bewegung vor, etwa: „Ich heiße Ahmad und spiele gerne Fußball." (Tritt nach einem Ball) Der Name und die Bewegung des Vorgängers werden vom Kind, das als nächstes an der Reihe ist, wiederholt.

Zum Beispiel: „Ich heiße Fatma und tanze gerne (Tanzschritt), das ist Ahmed und er spielt gern Fußball (Tritt)." usw.

Mein rechter Platz ist frei

Immer wieder beliebt ist auch das Spiel, bei dem ein Stuhl im Kreis frei ist. Derjenige, der rechts neben sich einen freien Stuhl hat, sagt: „Mein rechter, rechter Platz ist frei, ich wünsche mir den/die (Name eines Kindes) herbei."

Das genannte Kind verlässt seinen Platz und setzt sich neben das erste. Somit wird wieder ein Platz auf einem Stuhl frei und das Kind, das nun rechts von sich einen freien Stuhl hat, wünscht sich als nächstes ein Kind herbei.

Stuhlkarussell

Wir sitzen im Kreis. Ein Stuhl ist frei. Ein Spieler in der Mitte versucht, sich auf den freien Platz zu setzen.

Dann dreht sich das Stuhlkarussell. Alle rutschen von einem Stuhl zum nächsten und verhindern so, dass der Spieler sich setzen kann. Sie müssen ihm durch eine Karussellpause aber auch eine Chance geben, einen Platz zu bekommen, dürfen dann aber schnell weiter rutschen, wenn er sich setzen will.

Wenn er einen Platz hat, muss derjenige in die Mitte, der nicht aufgepasst hat. Das Spiel ist sehr lustig. Man sollte allerdings darauf achten, dass es nicht zu wild wird.

2.3 Das Thema „Körper“ als wichtiger Inhalt in der Sprachförderung

Das Thema „Körper“ ist ein sehr wichtiger Inhalt in der Sprachförderung. Denn es bildet eine Einheit des unmittelbaren Erfahrungswortschatzes.

Besonders hilfreich ist die Wortschatzförderung in der Gruppe. Zum einen, weil die Kinder sich gegenseitig helfen können und zum anderen bietet die Gruppenaktivität den notwendigen Schutz, um Sprachhemmungen zu überwinden und in der Sprache sicherer zu werden.

In unseren Spielen möchten wir den Kindern, die noch kein oder sehr wenig Deutsch sprechen können, einen spielerischen Umgang mit der Sprache vermitteln. Daher ist der aktive Umgang, also Bewegung, von großer Bedeutung.

Wir möchten den Kindern die Sprache mit Liedern zum Thema „Körper“ vermitteln. Denn Lieder vermitteln Wortschatz sowie grammatische Formen. Dazu kommt noch, dass Kinder beim Singen sprachliche Strukturen übernehmen, die noch nicht zum Repertoire ihrer Spontansprache gehören.

Unsere Lieder sind sowohl Einstiegs- als auch Schlusslieder, die mit Bewegungen durchgeführt werden. Denn so kann das häufige Singen die Sprachstrukturen festigen, während sie beim Liederlernen unbeschwert mitmachen, ohne dass es sich wie eine Lektion anfühlt.

Außerdem können die Kinder das Singen und Sprechen mit Bewegungen verknüpfen. Dadurch können sie die Bedeutung von Wörtern für Haare, Hände, Bauch, Nase und die anderen Teile des Körpers erfahren.

Insbesondere fördern wir die Substantive zum Thema „Körper“. Denn es ist wichtig, die Kinder am Anfang nicht zu überfordern. Ansonsten kann es sein, dass sie erst gar nicht mitmachen.

2.3.1 Übungen zum Aufwärmen

Warming up

Wir brauchen: Musik

Die Spielleiterin macht die Übungen zum Aufwärmen und Dehnen des Körpers vor.

Übungen: Im Rhythmus auf dem Platz gehen, im Takt klatschen, Arme in verschiedene Richtungen strecken und zurück zum Körper, hüpfen, Step-Schritt, während des Klatschens drehen, Arme nach ganz oben strecken und nach ganz unten, während die Beine gerade bleiben, und so weiter ...

Variante: Geben Sie die Spielleitung auch einmal an die Kinder ab.

Eine Choreographie tanzen

Wir brauchen: Musik

Die Spielleiterin zeigt die Schritte nach und nach.

In einem Lied zählen wir von 1 bis 8. So bringen wir den Kindern auch die Schritte bei – im 8er-Takt. Ein 8er-Teil wird so oft wiederholt, wie es die Kinder brauchen. Dann geht es zur nächsten 8er-Kombination. Während wir laut vorzählen, können wir die Hände benutzen, um die Zahlen zu verdeutlichen. Sobald wir drei 8er-Kombinationen haben, können wir die drei hintereinander durchtanzen. Auch dies wiederholen wir so oft, wie die Kinder es benötigen. Dann passen wir das Tempo an das Lied an und erst danach gehen wir die bisher gelernte Choreographie mit dem Lied durch. So arbeiten wir uns immer weiter voran.

2.3.2 Lieder zum Thema Körper

Als Einstiegs- und Schlusslied eignet sich zum Beispiel „Das Lied über mich“ (Text und Melodie von Volker Rosin, www.rosin.de).

Bei Liedern zur Sprachförderung kommt es darauf an, dass die Kinder Bewegungen zu dem Lied durchführen. Denn nur so können die Kinder in der Sprachförderung die Bedeutung der Wörter anhand der Bewegungen erkennen. Gut ist es, die Lieder zweimal vorzusingen, wenn die Kinder das Lied noch nicht kennen und daher genau zuhören müssen. Dabei schauen die Kinder die Erzieher/innen an, um die Bewegungen auch nachmachen zu können. Beim zweiten Durchgang des Liedes, können die Kinder besser mitmachen. Auch wenn die Kinder das Lied bereits kennen, sollte ein Erzieher die Tonlage und den Start des Liedes vorgeben. Dadurch gibt es für die Kinder mehr Struktur und kein Wirrwarr am Anfang des Liedes.

2.3.3 Sprachspiele zum Thema Körper

Körperteile benennen

Der Spielleiter erklärt den Kindern durch Zeigen und Sprache die einzelnen Körperteile wie Kopf, Schulter, Arme, Hände, Bauch, Rücken, Po, Beine, Knie und Füße.

Spielablauf: Die Kinder bewegen sich zur Musik. Der Spielleiter stoppt die Musik und gibt zum Beispiel die Anweisung: „Hände auf Beine.“ Die Kinder führen die Anweisungen aus. Diese Vorgänge werden wiederholt bis alle Körperteile genannt und auch beliebig kombiniert worden sind.

Varianten: Das Spiel können Sie zum Beispiel erweitern indem Sie Kinder ausscheiden lassen. Das Kind, das als letztes sein Körperteil mit den Händen berührt hat, scheidet aus. Das ausgeschiedene Kind darf jetzt die Rolle des Spielleiters übernehmen und Anweisungen geben, bis das nächste Kind ausscheidet und die Spielleitung übernimmt. In einer weiteren Variation darf das ausgeschiedene Kind wieder in das Spiel einsteigen, sobald ein anderes Kind ausscheidet.

Stolpersteine: Durch die Variante mit Ausscheiden kann es zu Unmut bei den Kindern kommen.

Bewegen und versteinern

Wir brauchen: Musik und Bildkarten mit Körperteilen

Spielablauf: Die Gruppe verteilt sich im Raum. Es wird ein Spielleiter ernannt. Dieser Spielleiter ist zunächst ein Erwachsener. In der zweiten Runde kann ein Kind die Leitung übernehmen. Der Spielleiter spielt rhythmische Musik und nennt ein Körperteil, z. B.: „rechter Fuß“. Diese Anweisung bedeutet, dass jeder seinen rechten Fuß im Rhythmus der Musik bewegen soll. Nach und nach nennt der Spielleiter weitere Körperteile, die bewegt werden sollen. Zur Unterstützung der Benennung der Körperteile können wir Piktogramme zeigen, mit denen die Teilnehmer die Körperteile visuell wahrnehmen können. Auf das Kommando „ganzer Körper“ bewegt jeder Teilnehmer seinen ganzen Körper, wie er möchte. In der zweiten Runde, d. h. nach dem Kommando „ganzer Körper“, gilt es, jedes Körperteil, dass der Spielleiter nennt und zeigt, versteinern zu lassen, sprich nicht mehr zu bewegen. Das Spiel endet, wenn alle Spieler wieder ruhig dastehen.

Schwammspiel

Wir brauchen: Bildkarten der Körperteile (Kopf, Schulter, Bauch, Knie, Fuß, Bein, Po, Rücken, Hand, Arm …) und einen Schwamm pro Mitspieler

Spielablauf: Die Karten liegen verdeckt in der Mitte und die Kinder bilden einen Kreis drum herum. Jeder Mitspieler bekommt einen handelsüblichen Schwamm. Nun nimmt sich ein Mitspieler eine Karte aus der Mitte und nennt den Namen des dort abgebildeten Körperteils laut und deutlich. Alle Mitspieler wiederholen das Wort mit dem dazugehörigen Artikel. Nun legen alle Mitspieler ihren Schwamm auf den benannten Körperteil und versuchen mit dem Schwamm auf dem entsprechenden Körperteil im Kreis zu laufen.

Variante: Sandsäcke statt Schwämme

Stopptanz mit einem Schwamm

Wir brauchen: Bildkarten der Körperteile, einen Schwamm pro Mitspieler, eine Trommel o. ä. zur rhythmischen Begleitung

Spielablauf: Jeder Mitspieler bekommt einen Schwamm. Der Spielleiter trommelt und die Kinder laufen im Raum umher. Hört der Spielleiter auf zu trommeln, hält er eine Bildkarte hoch. Die Kinder benennen das Körperteil, welches sich auf der Karte befindet und müssen ihren Schwamm auf den entsprechenden Körperteil eines anderen Kindes legen. Beispiel: Wird eine Bildkarte mit dem Kopf hochgehalten, sagen die Kinder „der Kopf" und legen ihren Schwamm auf den Kopf eines anderen Kindes.

Varianten: Sandsäcke statt Schwämme, Musikaufnahme statt Trommel

Tamburin-Stopptanz

Wir brauchen: Tamburin, Körperteil-Poster

Vorbereitung: Wir bereiten Körperteil-Poster in DIN A3 vor. Jedes Poster hat eine eigene Farbe und es ist ein einzelner Körperteil darauf abgebildet. Alle Körperteil-Poster verteilen wir im Raum, auf dem Boden oder an den Wänden.

Spielablauf: Die Kinder stehen im Kreis. Die Anleiterin zeigt die einzelnen Körperteil-Poster und nennt den Namen des abgebildeten Körperteils mit Artikel. Danach wiederholen alle zusammen die Namen noch einmal. So haben die Kinder keine Hemmungen, das Substantiv zu erlernen und zu wiederholen. Danach wird das Spiel erklärt. Die Anleiterin gibt einen Rhythmus mit dem Tamburin vor. Dabei sollen alle Kinder versuchen sich zum Rhythmus zu bewegen und zu klatschen. Nach einer kurzen Zeit ruft die Anleiterin „Stopp". Sie nennt einen Körperteil, zum Beispiel die Nase und hält gegebenenfalls die Bildkarte dazu hoch, um den Kindern die Hemmungen vor dem Sprechen zu nehmen. Dann müssen alle Spieler möglichst schnell zu dem entsprechenden Körperteil-Poster laufen. Nach der Runde wird das Tamburin weitergegeben und wieder ein Körperteil genannt, zu dem die Spieler hinlaufen müssen.

Variante: Um dem Spiel ein Ende zu geben und es als Wettkampf zu gestalten, können wir immer ein Körperteil-Poster wegnehmen. Das steigert immens die Konzentration. Wenn ein Kind nicht am richtigen Körperteil-Poster steht, scheidet es aus und kann daraufhin mit den anderen ausgeschiedenen Kindern den Rhythmus vorgeben. Die Kinder wechseln sich dabei mit dem Tamburin ab.

Das Spiel ist in diesem Fall zu Ende, wenn nur noch ein Poster hängt oder nur noch ein Spieler übrig ist.

Was fehlt?

Wir brauchen: Bildkarten der Körperteile

Spielablauf: Wir legen die Bildkarten offen ab, sodass alle Mitspieler diese sehen können. Ein Mitspieler geht raus. Die anderen Mitspieler im Raum nehmen eine Bildkarte weg. Wenn der Mitspieler wieder ins Zimmer kommt, muss er erraten welche Karte fehlt.

Variante: Es können zwei oder mehr Karten weggenommen werden, um die Schwierigkeit zu erhöhen.

Körpersalat

Wir brauchen: Bildkarten der Körperteile

Spielablauf: Alle Kinder befinden sich in einem Stuhlkreis. Für dieses Spiel muss es ein großer Stuhlkreis sein, damit die Kinder viel Raum für Bewegung haben. Die Spielleiterin steht am Anfang des Spieles im Stuhlkreis. Auf dem Boden im Stuhlkreis liegen vier Körperteile-Karten (Nase, Ohr, Auge, Mund). Als erstes stellt die Spielleiterin die Körperteile-Karten vor und nennt diese beim Namen, mit dem jeweiligen, dazugehörigen Artikel. Danach wiederholen alle gemeinsam noch einmal die Begriffe auf den Karten. Dadurch hat jedes Kind noch einmal die Möglichkeit, ohne Hemmungen, die Wörter zu wiederholen. Anschließend bekommt jedes Kind eine Körperteile-Karte. Die Kinder binden sich ihre Karten um.

Der Spieler, in der Übungsrunde die Anleiterin, steht in der Mitte und hat alle vier Körperteile-Karten zur Verfügung. Die Körperteile-Karten bleiben immer in der Mitte. Der Spieler hält eine der vier Karten hoch und sagt das entsprechende Wort, z. B. „die Nase". Daraufhin wird angekündigt, dass alle „Nasen" die Plätze tauschen müssen. Der Spieler versucht sich währenddessen einen Platz zu ergattern.

Der Mitspieler, der keinen Sitzplatz abbekommen hat, muss nun als Nächster in die Mitte. Er hat nun wieder die vier Körperteile-Karten zur Verfügung, kann sich eine davon aussuchen und benennen. So kann sich das Spiel immer weiter fortsetzen.

Variante: Alle Mitspieler stellen sich im Kreis auf, sodass jeder jeden sehen kann. Nun bekommt jeder Mitspieler eine Bildkarte mit einem Körperteil darauf. Die Mitspieler halten die Karten sichtbar vor den eigenen Körper. Ein Mitspieler beginnt und sagt: „der Kopf tauscht mit dem Fuß". Die beiden Mitspieler tauschen nun die Plätze.

Körperluftballon

Wir brauchen: bunte Luftballons, Bildkarten der Körperteile

Spielablauf: In diesem Spiel stehen die Kinder in einem Kreis. Jeder hat einen Luftballon. Die Spielleiterin nennt einen Körperteil und hält die passende Bildkarte hoch. Jedes Kind balanciert nun seinen Luftballon auf dem vorgegebenen Körperteil oder lässt den Ballon darauf hüpfen. Die Kinder sagen dabei das Wort noch einmal mit Artikel, z. B. „der Arm". So geht es weiter mit dem Fuß, dem Kopf, der Schulter usw.

Variante: Die Luftballons können auch durch den Raum tanzen, während die Kinder diese mit den vorgegebenen Körperteilen in der Luft zu halten versuchen. Hier steht dann die Bewegung mehr im Vordergrund.

Körperteile Memo

Wir brauchen: Karten auf denen Körperteile sowie deren schriftliche Bezeichnung abgebildet sind. (Die Karten am besten doppelt und in zwei verschiedenen Farben, um den Spielfluss zu erleichtern.) Plakat mit einem vollständigen Körper ohne Beschriftung (möglichst neutral)

Spielablauf: Zu Beginn hängen wir das Körperplakat so an eine Wand, dass die Kinder es erreichen und sehen können.

Bevor das Spiel losgeht, zeigen wir den Kindern die Karten mit den Körperteilen und sprechen die Begriffe dazu aus. So können die Kinder sehen, was auf der Karte abgebildet ist, hören die deutsche Bezeichnung und sprechen diese im besten Fall mit (z. B. „Das ist die Hand.“). Die Kinder erhalten jeweils eine Karte in derselben Farbe (z. B. Rosa), auf welcher jeweils ein anderer Körperteil und die entsprechende Bezeichnung abgebildet sind. Die Kinder bewegen sich durch den Raum und dürfen sich dabei ihre Karten nicht gegenseitig zeigen. Ein Kind wartet vor dem Raum und erhält eine Karte (z. B. Blau), auf welcher ebenfalls ein Körperteil mit Bezeichnung abgebildet ist und wird dann in den Raum gelassen. Diesen Körperteil gibt es nun doppelt im Raum, einmal auf einer verdeckten rosa Karte und einmal auf der blauen Karte. Das Memo-Spiel beginnt: Das Kind mit der blauen Karte muss seinen Körperteilepartner finden, indem es die Kinder mit den rosa Karten befragt, was für ein Körperteil sie haben (z. B. „Hast du die Hand?“). Hat das Kind seinen Partner durch die Befragung gefunden, hängt es gemeinsam mit den Anleitern seine Karte an die passende Stelle auf dem Körperplakat. Dann darf das Partnerkind mit der rosa Karte sich eine blaue Karte aussuchen und nach draußen gehen. Die Kinder im Raum tauschen ihre rosa Karten, damit jeder einen anderen Körperteil hat, dann kann die nächste Memo-Runde beginnen.

Varianten:

- Wir können immer mehr Körperteile oder andere Karten hinzufügen, je nach Sprachstand der Kinder.
- Wir können andere Themengebiete für das Spiel auswählen (z. B. Obst, Gemüse, Orte, Tätigkeiten).
- Die Kinder können sich durch den Raum bewegen, damit der Schwierigkeitsgrad steigt und mehr Bewegung in das Spiel kommt.

Flaschendrehen

Wir brauchen: Flasche, Bildkärtchen mit Körperteilen

Spielablauf: Die Gruppe stellt sich in einen Kreis zusammen. In der Mitte befinden sich eine Flasche, sowie die Bildkärtchen, auf welche die Bilder der verschiedenen Körperteile aufgedruckt sind. Ein Mitspieler startet das Spiel, indem er die Flasche dreht. Derjenige auf den die Flasche zeigt, sucht sich zu einem der Körperteilkärtchen eine Bewegung aus und führt diese vor. Dann wird die Flasche erneut gedreht und ein anderer Spieler ist an der Reihe.

Variante: Bei einer größeren Anzahl von Mitspielern, kann musikalische Unterstützung gegen Langeweile vorbeugen und mehr Schwung ins Spiel bringen.

Abklopfen des Körpers

Die Spielleiterin benennt einen Körperteil und klopft ihn ab: schnell, langsam, vorsichtig, etwas stärker. So arbeiten wir uns vom Kopf über Gesicht, Schulter, Bauch, Beine bis zu den Füßen vor. Die sprachliche Begleitung und die Wiederholungen, sowie die Anpassung der Sätze an den Sprachentwicklungsstand der Kinder sind dabei wichtig.

3 Bildungsbereich Musik

3.1 Musik wirkt auf Geist und Seele der Kinder

Musik weckt Empfindungen bei den Menschen und besonders bei Kindern. Sie genießen Musik und bewegen sich, bereits wenn sie noch sehr klein sind, gerne dazu. Schon Babys können zwischen Stimmen, Tönen und Rhythmen unterscheiden. „Jeder Mensch wird mit der Erfahrung von Rhythmus geboren, dem Herzschlag der Mutter und mit einem Musikinstrument, der Stimme“ (Howard Gardner: „Kreative Intelligenz“, München 2002, S.118 f.)

Die Kinder aus den Flüchtlingsunterkünften lieben Lieder mit Rhythmus und Klatschabfolgen. Wir haben diese Lieder bewusst als Anfangs- und Schussritual gesungen. Wir haben sie aber auch bei Ausflügen an der Bushaltestelle gesungen, wenn wir im kalten Nieselregen lange auf den Bus warten mussten. Die Kinder waren dann abgelenkt vom Warten, ihre Stimmung verbesserte sich. Außerdem sind solche Lieder gut für die Sprachförderung. Durch die Wiederholung der Texte, der Melodie und des Rhythmus prägen sich die Worte ein.

Beim Lied *„Das Auto von Lucio“* von Gerhard Schöne haben wir auch in Klarsichthüllen verpackte Bilder vom Auto gezeigt. Da sich die Kinder oft unter den gesungenen Worten nichts vorstellen können, sind Bilder zu den Texten hilfreich. Nach mehrmaliger Wiederholung, wollen die Kinder das Lied immer wieder singen und sind stolz, bereits deutsche Texte singen zu können.

Ich habe die Erfahrung gemacht, dass auch die Eltern bei dem Lied gern mitsingen. Der Rhythmus, die Bewegungen und das Klatschen machen allen viel Spaß. Mütter aus den Unterkünften, denen wir eine kleine Fortbildung zu den Liedern gegeben haben, haben dann in ihrer Unterkunft ab und zu die Kinder zum Singen motiviert.

Schön ist es auch, wenn man kleine Rhythmusinstrumente selber bastelt, mit denen die Kinder das Lied rhythmisch begleiten können.

Kindern, die ihren Alltag in tristen, grauen, großen Unterkünften verbringen müssen, hilft es oft, wenn sie Lieder kennen, die sie auch allein für sich singen können. Natürlich singen sie auch gerne Lieder aus ihrer Heimat. Bei einer Jamsession, einer Musikveranstaltung mit Musikstudenten und Flüchtlingen aus Hamburg, erlebte ich Kinder, Jugendliche und Erwachsene, deren trauriger Gesichtsausdruck sich schnell veränderte, als jemand Lieder aus ihrem Land sang. Ihre Augen leuchteten und sie klatschten begeistert mit. Erstaunlicherweise folgten sie auch sehr belustigt einem deutschsprachigen Lied aus Hamburg (*An der Eck' steht ein Jung mit dem Tüddelband*), das ein Musikstudent mit Gitarrenbegleitung vorsang. Der Rhythmus hat ihnen gefallen.

Wenn Rhythmus, Bewegungsabfolgen und die Melodie eines Liedes gute Empfindungen auslösen, dann macht ein Lied Spaß. Auf den folgenden Seiten werden Lieder vorgestellt, die einfach zu singen sind.

Musik wirkt auf den Geist und die Seele von Kindern. Auch der körperliche Ausdruck durch Tanz ist bei den Flüchtlingskindern sehr beliebt. Sehr gerne tanzen sie zu fetzigen Melodien aus verschiedenen Ländern, die vom CD-Player oder Smartphone abgespielt werden.

Musik verbindet – auch die Bewohner der verschiedenen Länder in den Unterkünften untereinander! Wenn Kinder durch den körperlichen Ausdruck und die Stimme Musik ganzheitlich erleben, auch die Geräusche ihres Körpers dabei entdecken – wenn sie entdecken, dass auch Material klangfähig ist, entsteht viel Freude. Kleine Steinchen, Stöcke, Hölzer, Sand oder Wasser ... alles kann Musik machen. Wenn wir leere Glasflaschen unterschiedlich hoch mit Wasser füllen und mit Löffeln daran schlagen, erleben wir, dass verschiedene Klänge entstehen.

Schön sind Klanggeschichten. Die Kinder probieren Klänge und Geräusche aus. Dann wird eine Geschichte erzählt, in der die Geräusche vorkommen und von allen mit viel Spaß eingesetzt werden. Dabei kann es sich um eine Geschichte handeln, in der Tiergeräusche oder Verkehrsgeräusche oder Geräusche zum Ausdruck von Gefühlen, eine Rolle spielen.

Interessant sind auch musikalische Übungen mit den Kindern, bei denen sie „laut“ oder „leise“, „langsam“ oder „schnell“ unterscheiden müssen. Wenn jemand einen schnellen Rhythmus auf einer Handtrommel (es kann auch ein umgedrehter Kochtopf sein) klopft, dann bewegen sich die Kinder schnell; wird langsam geklopft, langsam. Dazwischen sollte es eine Pause geben. Ist die Musik laut, stampfen alle laut auf. Ist sie im Gegensatz leise, schleichen alle und flüstern.

Es geht hierbei darum, durch das Hören zu verstehen. Wird die Übung öfter wiederholt, bekommen die Kinder ein Differenzierungsgefühl. Sie erkennen, ob Trippelschritte zum Rhythmus passen oder große Schritte. Wenn wir „Karussell“ spielen und jedes Kind ein Glöckchen in der Hand hat, können sie im Kreis mal langsam und dann schneller laufen, wenn dazu durch eine Trommel der Startzeitpunkt und die Geschwindigkeit angegeben werden. Ein Karussell kann auch mal in die Gegenrichtung fahren.

Aus ganz unterschiedlichen Materialien lassen sich Klanginstrumente anfertigen. Spaß macht es den Kindern auch, wenn sie damit eine „Band“ bzw. ein „Orchester“ bilden, etwas einüben und der Applaus der Zuschauer sie motiviert, sich immer wieder Neues auszudenken.

Bewegungsabläufe von Kindern mit der Stimme zu begleiten, bringt Schwung in die Bewegung. Bestimmte Laute werden verabredet, zu denen dann bestimmte Bewegungen ausgeführt werden. Bei *„Bumm,*

bumm, bumm" kann etwa gestampft werden, bei *„Hui"* drehen sich alle um sich selbst, bei *„Hoppla hopp"* kann gehüpft werden, bei *„boing boing boing" fallen alle zu Boden.*

Auch die Kombination Tiere und Geräusche ist immer wieder lustig. Affen kreischen, Tauben gurren, Papageien sprechen, Löwen brüllen und dazu singen wir einfach, zur Melodie von *„Was machen wir so gerne hier im Kreis?",* Texte, in denen Tiere vorkommen. Wir können uns dazu natürlich auch selbst eine Melodie ausdenken.

Kurze Lieder vor oder nach den Spielen sind stets beliebt. Dabei können wir kreativ sein. Etwa: *„Lasst uns singen Vuppheidi, Heureka, Fillerallala, Holdriodidei, Trallallala, Fiderallala!",* oder das Aufräumlied: *„Viele kleine Spielzeugteile sammeln wir jetzt ein, mal da ein Stück und dort ein Klotz, bald wird es fertig sein!"* Wir können auch „Wut-Schrei-Lieder", „Geheimnis-Lieder" und „Dankeschön-Lieder" entwickeln.

Klatschspiele lieben die Kinder. Begleitet von Sprechreimen, können sie dabei auf die Knie und in die Hände klatschen.

Lustig ist auch ein „Hosentaschenklinger". An einem Fingerhandschuh werden kleine Dinge befestigt, die beim Schütteln klingen.

3.2 Worauf wir bei Musikangeboten achten sollten

- Gelingt es den Kindern von laut auf leise umzustellen?
- Welche Kinder brauchen Stille bei lauter Musik und lauten Geräuschen? Wir sollten darauf Rücksicht nehmen, da es für Flüchtlingskinder besonders wichtig ist, mal Rückzug und Ruhe zu haben. Sie übernachten mit sehr vielen Menschen unter sehr schwierigen Bedingungen. Oft ist es laut und sie kommen nicht zu Ruhe.
- Welche Melodien mögen die Kinder besonders gerne?
- Welche Musik mögen die Kinder?
- Können die Kinder sich trotz schlimmer Erlebnisse und einer eventuellen Traumatisierung mit Stimme und Bewegung zur Musik auszudrücken?

- Gibt es in der Unterkunft Bewohner, die ein Instrument spielen oder gerne singen?
- Können wir organisieren, dass auch Erwachsene bei Musikzusammenkünften mitmachen und einbezogen werden?
- Welche Musiker können wir motivieren in der Unterkunft mitzumachen?
- Sind Kooperationen mit Kitas und Schulen möglich?
- Gibt es Musikereignisse, die wir mit den Kindern gemeinsam besuchen können?
- Können wir mit den Kindern auch mal einen Radio- oder Fernsehsender aufsuchen, damit sie dort vielleicht ins Mikrophon singen können?

Kinder lieben es, in ein Mikrofon zu singen und sie freuen sich, wenn die Aufnahme gespeichert wird und sie sich diese dann immer wieder anhören können. Im Zeitalter von Handys mit guten Aufnahmefunktionen ist das kein Problem.

Ebenso ist es möglich, ein Mikrofon an einen Laptop anzuschließen und das kostenlose Audioprogramm *„Audacity"* zu verwenden, das Sie aus dem Internet herunterladen können. Sie können dann Gesang und Musik der Kinder aufnehmen, bearbeiten und auf CD brennen. Das Programm erklärt genau, wie es funktioniert.

Damit alle die Melodien zu verschiedenen Kinderliedern lernen können, haben die Musiklehrer Alexander Mottok und Almut Kochan ein YouTube-Video mit dem Titel „Lieder für Flüchtlingskinder" produziert, das unter der Adresse
https://www.youtube.com/watch?v=_m0oGmHd3Pg aufgerufen werden kann. Almut singt die Melodien vor und macht dazu die entsprechenden Bewegungen.

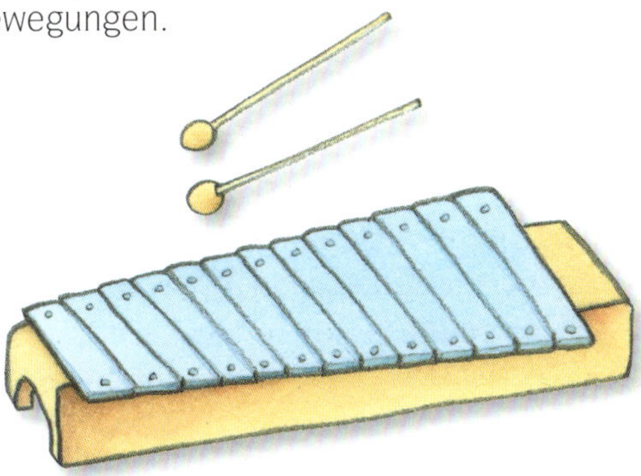

3.3 Lieder und Gedichte zur Sprachförderung

Zehn freche Affen

Alle sitzen im Kreis.

Jeder klatscht erst auf seine eigenen Beine, dann auf das linke Bein des rechten Nachbarn und das eigene rechte Bein.

Dann wieder auf die eigenen Beine und dann auf das rechte Bein des linken Nachbarn und das eigene linke Bein. Erst langsam, dann schnell.

Dazu wird folgender Text gesprochen/gesungen:

Zehn freche Affen sitzen auf den Bäumen.
Zwei davon sind ganz schön frech
und müssen Bäume räumen.
Humbahassa, Humbahassa -
Heh, Heh, Heh,
Lauf Affe lauf -
schnell, schnell, schnell!
Auf die Bäume rauf,
schnell, schnell, schnell.

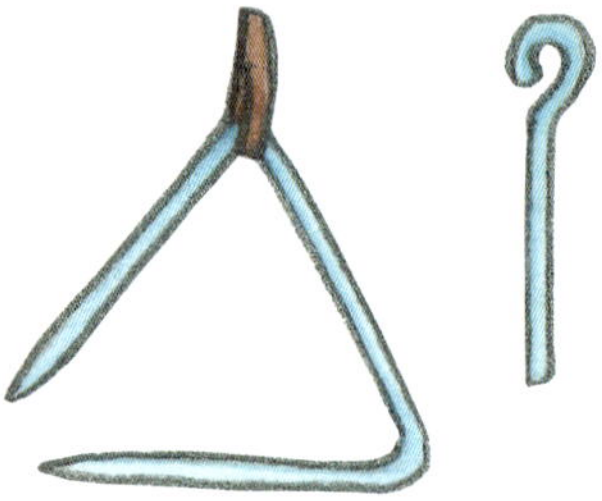

Bei „schnell, schnell, schnell" wechseln alle die Plätze.
Der Sprechgesang, zusammen mit dem Klatschen,
beginnt erneut, wenn alle auf einem neuen Platz sitzen.

Was müssen das für Bäume sein

Was müssen das für Bäume sein,
wo die großen Elefanten spazieren gehen,
ohne sich zu stoßen.
Links sind Bäume, rechts sind Bäume
und dazwischen Zwischenräume.
Wo die großen Elefanten spazieren gehen,
ohne sich zu stoßen.

(Volkslied)

A ram sam sam

A ram sam sam
A ram sam sam
Gulli gulli gulli gulli gulli
Ram sam sam
Arafi arafi
Gulli gulli gulli gulli gulli
Ram sam sam

(Volkslied)

Begleitende Gesten:

Aram sam sam: Im Takt mit beiden Händen auf die Oberschenkel patschen.

Gulli gulli ...: Unterarme vor dem Körper umeinander drehen.

Arafi: Beide Arme nach oben und unten wie eine Verbeugung.

Jack saß in der Küche

Jack saß in der Küche mit Tina: (3x)
Und sie spielten auf dem alten Banjo.

(Volkslied)

Spielidee:

Im Sitzkreis: beide Hände patschen 1. eigene Knie, 2. rechts ein eigenes Knie, ein Knie des Nachbarn 3. eigene Knie 4. links eigenes Knie und das des Nachbarn. Bei jeder Wiederholung des Liedes das Tempo steigern.

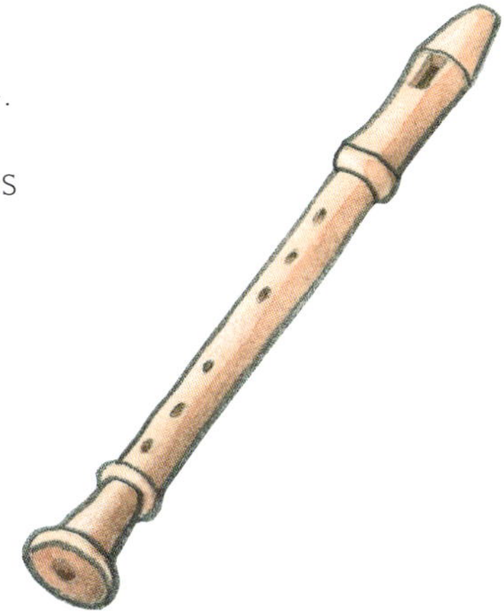

Simama kaa

Simama kaa, simama kaa,
ruka ruka ruka
simama kaa
Tembea kimbia
Tembea kimbia
Ruka ruka ruka
Simama kaa.

(Mündlich überliefert aus Tansania)

Spielidee:

Im Stuhlkreis: simama – stehen, Kaa – sitzen, ruka – hüpfen, tembea – gehen, kimbia – rennen

Im Bärenwald

Alle laufen als Bären durch den „Wald“ und sprechen rhythmisch:

So viele **Bären laufen** durch den **Wald**.
Laufen dicht an **dicht**, denn im Wald, da ist es kalt.

Jeder stellt sich vor einen Partner und klatscht mit beiden Händen in die des Partners (X).

„Braunbär“, X X , „Schwarzbär“, X X, „Eisbär“, X X, „Gummibär“ X „Yo!“ (Beim letzten Klatscher gleichzeitig springen und über den Köpfen klatschen.)

Kopf und Schulter

Kopf und Schulter, Knie und Fuß, Knie und Fuß.
Kopf und Schulter, Knie und Fuß, Knie und Fuß.
Und Augen, Ohren, Nase, Mund.
Kopf und Schulter, Knie und Fuß, Knie und Fuß.

(Volkslied)

Spielidee:
Beim Singen auf die entsprechenden Körperteile zeigen.
Tempo bei jedem Durchgang steigern! Auch in anderen Sprachen!
Diesen Reim können wir auch leicht abändern, z. B. mit Gegenständen, auf welche die Kinder dann zeigen:

Stuhl und Decke, Tisch und Tür, Tisch und Tür.
Stuhl und Decke, Tisch und Tür, Tisch und Tür.
Und Fenster, Lampe, Boden, Schrank.
Stuhl und Decke, Tisch und Tür, Tisch und Tür.

Hokey Pokey

Du ziehst den rechten Arm ein,
du streckst den rechten Arm aus,
du ziehst den rechten Arm ein,
und dann schüttelst du ihn aus,
du tanzt den Hokey Pokey,
drehst dich rundherum
denn hier geht es darum.

(englisches Volkslied)

Spielidee:
nach und nach werden alle Körperteile bewegt.
Hokey Pokey – Hüftschwung, dann Drehung um die eigene Achse.

Das Lied über mich

(Volker Rosin – www.rosin.de)

Das Auto von Lucio

(Gerhard Schöne)

Grün, grün, grün sind alle meine Kleider

Grün, grün, grün, sind alle meine Kleider
Grün, grün, grün ist alles was ich hab.
Darum lieb ich alles, was so grün ist,
weil mein Schatz ein Jägermeister ist.
(weil die Jasmin ein grünes Kleid an hat)

(Volkslied)

Spielidee:

Alle, die Kleidung in der genannten Farbe tragen, dürfen vortreten. In jeder Strophe eine andere Farbe einsetzen, am Schluss: „bunt“.

Zwei kleine Wölfe

Zwei kleine Wölfe geh'n des Nachts im Dunkeln,
man hört den einen zu dem andern munkeln:
„Warum geh'n wir denn immer nur des Nachts herum?
Man tritt sich an den Wurzeln ja die Pfoten krumm.
Wenn's nur schon heller wär!
– Pfeifen –
Wenn nur der Wald mit Sternenlicht beleuchtet wär.
: Ba du ba dum, du dum, du dum, du dum, ba du ba :

(mündlich überliefert)

Spielidee:

Alle gehen durch den ‚Wald‘ und begleiten den Text mit entsprechenden Gesten. Dieses Lied ist ein Kanon. Einsatz der nächsten Stimme: 3. Zeile: Warum.

Variante:

Eine Gruppe könnte auch nur die letzte Zeile immer wieder wiederholen, während die anderen das Lied singen.

Cup-Song

Material: für jedes Kind einen Plastikbecher

Verlauf:

Mit den Bechern lernt man den Rhythmus, des Liedes „When I'm gone". Den Rhythmus mit den Bechern sollten Sie bereits können, bevor Sie ihn den Kindern beibringen. (Auf YouTube können Sie ihn anhören und üben.)

Der Becher steht zunächst mit der offenen Seite nach unten auf dem Tisch.

Zweimal in die Hände klatschen.

Dreimal auf den Becher schlagen, zuerst mit der rechten Hand, dann mit der linken und zum Schluss noch einmal mit der rechten.

Einmal in die Hände klatschen.

Dann den Becher aufheben und schwungvoll wieder auf den Tisch stellen, sodass ein lautes Geräusch entsteht.

Einmal in die Hände klatschen.

Den Becher mit der rechten Hand greifen und mit der offenen Seite des Bechers in die linke Handfläche klatschen.

Dann mit der Bodenseite des Bechers auf die linke Handfläche schlagen und mit der linken Hand den Becher greifen. Die rechte Hand lässt den Becher los.

Mit der rechten Hand auf den Tisch klatschen und den Becher wieder mit der offenen Seite zurück auf den Tisch stellen, so, dass wieder ein Geräusch entsteht. Das Ganze dann wiederholen.

4. Bildungsbereich Kreatives Gestalten

4.1 Kreatives Gestalten hilft Kindern die Welt zu verstehen

In meinen Aktivitäten mit den Kindern habe ich immer wieder festgestellt, dass sie sehr gerne malen, schneiden, kleben, mit Materialien zur kreativen Gestaltung experimentieren, ihre Gefühle mit Farben ausdrücken, mit Wachsmalstiften, Filzstiften, Farbstiften, Acrylfarbe, Temperafarbe, ...

Sie lieben das!

Wichtig ist, dass wir den Bildern dieser Kinder Wertschätzung zukommen lassen, indem wir sie z. B. aufhängen, an Orten, wo sie alle gebührend würdigen können, etwa in den Fluren der Unterkunft.

Das erfordert nicht viel Material!

Tonpapier eignet sich zum Beispiel. Die Kinder kleben ihre Bilder einfach auf, damit es aussieht wie mit einem Passepartout. So wirkt das Bild gleich wie ein richtiges Kunstwerk.

Die Kinder können auch auf Leinwände malen, das ist noch viel schöner. Oftmals sind die Hallen trist, farblos und öde. Ein paar große Leinwände, von Kindern bemalt, können hier Farbe ins graue Einerlei bringen.

Eine andere Möglichkeit zur Dekoration sind große, selbstgebastelte Palmen aus Papprollen, grünem und braunem Krepppapier. Das schafft viel Atmosphäre.

Auch Mobiles könnten die Kinder gestalten, Spielzeug, Brettspiele Kartenspiele, ... Oft fehlt es jedoch an Material, an Farben, Pinseln, Scheren, Buntstiften, Papier.

Aber auch das lässt sich über Spendenaufrufe beschaffen. Alltagsmaterialien können Sie sammeln (Kartons, Korken, Schachteln). Fragen Sie einfach im Freundes- und Familienkreis nach.

Es ist auch schön, wenn die Kinder die Möglichkeit haben, nicht nur zu zeichnen, zu malen und zu collagieren, sondern auch mit Materialien, wie Knete, Ton, Gips, Wasser, Draht und Papier experimentieren können. Dadurch haben sie wie die „Reggio-Pädagogen" es ausdrücken, die Möglichkeit, ihren Eindrücken und Erlebnissen Ausdruck zu verleihen.

„Nichts ist im Verstand, was nicht zuvor in den Sinnen war."

(John Locke)

Gerade mit Kindern in den Erstunterkünften haben wir zunächst ganz viel gemalt und Farbtechniken ausprobiert. Es gab da kaum Verständigungsprobleme und die Kinder haben nicht nur Spaß am Ausprobieren, sie sind auch stolz auf ihre Werke und freuen sich darüber, was sie alles können. Wir haben für jedes Kind eine Mappe angelegt, mit ihrem Foto darauf, und dem Satz „Ich bin toll, ich bin ein Künstler!" auf Deutsch und in ihrer Muttersprache.

Kinder drücken ihre sinnliche Erkundung in ihrer kreativen Tätigkeit aus. Das hilft ihnen, die Welt zu verstehen.

Gerade für Flüchtlingskinder, die ihr Land durch Flucht vor Krieg verlassen mussten, ist es besonders schwierig, die Welt zu verstehen.

Der Wechsel der Kulturen, die erlebte Gewalt, die fremde Sprache – durch die Darstellung ihrer Gedanken, werden ihnen Dinge klarer und sie können sich anderen mitteilen.

Auch für die Sprachförderung ist dies gut, denn durch die Kommunikation über das Bild, werden fremde Worte für das Kind erfahrbar. „Oh, eine Blume, ein Haus, ein Kind, ..." – so bezeichnete ich die für mich erkennbaren Objekte auf dem Bild eines Kindes. Wir hängten

das Bild auf. Am nächsten Tag ging das Kind auf sein Bild zu und zeigte auf die Objekte mit den Worten: „Blume, Haus, Kind."

Es nahm sich dann ein Blatt Papier und malte neue Objekte.

Andere Kinder malten auf einer großen Pappe ein „Mensch ärgere Dich nicht"-Spiel. Sie malten Korken gelb, blau, rot und grün an, bastelten sich einen Würfel und spielten später auch im Flur ihrer Unterkunft damit.

Sinnvoll ist es, mit Kindern Spiele selbst herzustellen und zu gestalten, mit denen sie sich später die Langeweile vertreiben können. Beliebt sind z. B. Memo-Spiele mit Fotos von Gegenständen (Sprachförderung) oder selbstgemalten Motiven, Würfelspiele mit selbst modellierten Figuren aus lufttrocknender Modelliermasse.

Kinder staunen und freuen sich über das, was entsteht, wenn sie mit Farben experimentieren. Wir sollten den Kindern Freiräume bieten und sie nicht mit Schablonen malen lassen.

Außerdem brauchen Kinder Zeit bei der Entwicklung ihrer künstlerischen Fähigkeiten und der Auswahl der Materialien.

In Hamburg gibt es ein sogenanntes REMIDA. Das ist ein Zentrum, das verschiedene Materialien für soziale Einrichtungen zur Verfügung stellt.

Normalerweise kostet das etwas, aber mit einem Schreiben, das ausweist, dass man das Material für die Arbeit in Flüchtlingsunterkünften benötigt, bekommt man es kostenlos.

Kinder entwickeln Visionen und Phantasie, wenn sie sich kreativ betätigen. Das hilft ihnen, ihre eigene Welt zu gestalten und sich so von der oft grausamen Welt ihres Alltags, zu lösen. So haben sie ein paar Glücksmomente, wenn sie mit Textilien, Wolle, Papier, Pappe, Naturmaterialien, Wachs, Ton, Steinen, Hölzern, Farben, ... basteln und experimentieren.

Man kann sogenannte Werkstattkoffer mit diesen Materialien zusammenstellen. Ebenso lassen sich Klebstoff, Stifte, Klebeband, Papier, Scheren und Pappe in einem Koffer aufbewahren. Jeweils mit einer Ideenbroschüre.

Besuchen Sie doch auch einmal eine Kunstausstellung im Museum mit den Kindern!

Sprechen Sie auch mit den Eltern der Kinder darüber, welche Techniken der Gestaltung diese aus ihrer Kultur kennen.

Viel Freude bringt es Kindern, ein großes Hintergrundbild zu malen, vor dem z. B. ein Video gedreht wird. Sie können dann verkleidet davor agieren und spielen. Der Einbau von passender Musik trägt zu guter Stimmung bei. Das Ganze können sie dann allen Bewohnern der Unterkunft über den Beamer zeigen. Die Kinder sind sicherlich sehr stolz darauf.

Mit der Video- oder Fotokamera können Kinder auch kreativ gestalten.

Einfache Bilderrahmen können die Kinder auch aus Holz fertigen.

Sie können eine „Krimskramssammlung" erstellen (Perlen, Glitzersteine, Federn in Plastikgefäßen mit Deckeln).

Unter Aufsicht eines Erwachsenen, können die Kinder auch die Arbeit mit Holz, Nägeln und Tacker ausprobieren.

4.2 Ideen zur kreativen Gestaltung

4.2.1 Zufallsverfahren

Faltabklatschverfahren

Material: DIN A4/3 Zeichenblätter, Temperatuben/Fingerfarben

Anleitung: Nimm Zeichenpapier, knicke es in der Mitte und klapp es wieder auseinander. Entscheide dich, welche Farben du benutzen willst (Farbwirkung). Trage auf die rechte Hälfte des Blattes Farbe auf, indem du Farbe aus den Tuben auf das Papier drückst. Falte das Papier wieder zusammen und verstreiche die Farbe. Klapp das Papier wieder auseinander. Was siehst du?

Pustetechnik mit Farbe und Tusche

Material: DIN A 4/3 Zeichenpapier, Wasserfarben, Tempera, Tusche, Wassergläser, Strohhalme

Anleitung: Verdünne Farbe mit viel Wasser und gib einen Tropfen auf das Papier. Nimm einen Strohhalm und verpuste den Tropfen in verschiedene Richtungen. In welchen Bahnen und Formen sich die Farbe verteilt, hängt auch davon ab, wie weit der Halm vom Papier entfernt ist und wie steil bzw. schräg er zur Farbflüssigkeit gehalten wird. Besonders bizarre Farbspuren ergeben sich, wenn du den Halm möglichst senkrecht hältst und ihn beim Pusten schnell hin- und herbewegst. Gestalte mit den zufälligen Spuren der Pustetechnik Motive wie Bäume, Gestrüpp, Pflanzen, Tiere, Insekten usw. Lass eine Phantasielandschaft entstehen.

Fadenverfahren

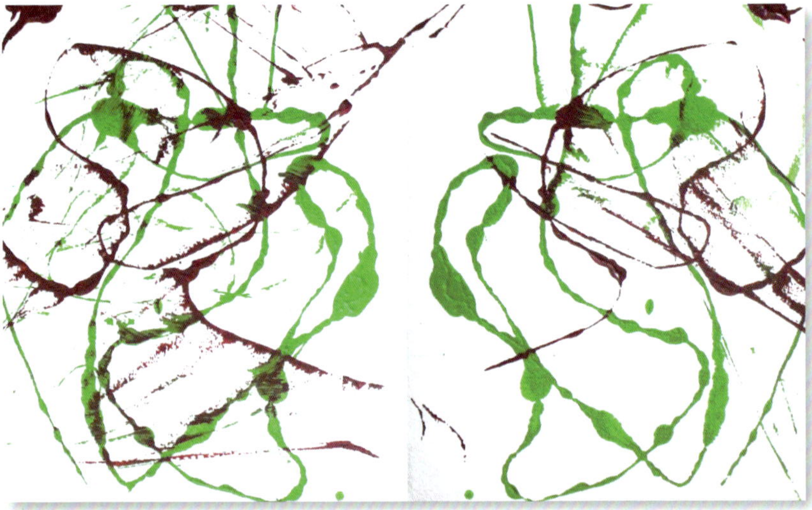

Material: DIN A 2 Zeichenblätter, Wasserfarbe, verschiedene Wollfäden

Anleitung: Nimm Zeichenpapier, knicke es in der Mitte und klappe es wieder auseinander. Lege einen Faden, den du vorher mit Farbe eingefärbt hast, zwischen die Blatthälften und falte sie wieder zusammen. Dein Faden sollte in einer oder mehreren Schlaufen liegen und so lang sein, dass beide Enden aus dem gefalteten Blatt heraus gucken. Ziehe ihn nun aus dem Blatt heraus!

Variationen ergeben sich

... durch die Art des Schlaufenlegens.

... durch die Art, den Faden aus dem Blatt herauszuziehen.

... durch den Farbauftrag (wie viel Farbe, wie nass ist der Faden).

Der Vorgang kann mehrfach wiederholt werden, dabei können auch unterschiedliche Fäden und Farben verwendet werden.

Im Sommer macht es besonders viel Spaß das Fadenverfahren im Freien anzuwenden. Die bunten Fäden werden dann mit Schwung auf das Papier geworfen. Auch andere Materialien, zum Beispiel Stoffreste oder Zweige, können wir so verwenden.

Murmelbilder

Material: Kartondeckel, Murmeln, Papier, Tempera

Anleitung: In einen Kartondeckel ein entsprechend großes Papier einlegen. Farbe auftropfen und Murmeln hinzufügen. Durch Schwenken des Kartons entstehen Farbspuren.

Décalcomanie/Abklatschverfahren

Material: DIN A3 Zeichenblätter, Temperatuben, glatte Platte, Wasser

Anleitung: Flüssige Farbe auf eine glatte Platte auftragen. Auf diese einen Bogen Papier legen und mit mehr oder weniger starkem Druck glattstreichen. Das Papier von der Platte abheben.

Variationen ergeben sich ...

... durch die Art des Glattstreichens.

... durch die Art das Blatt von der Platte abzuziehen.

... durch das wiederholte besprühen der Farbe mit Wasser und erneutes Auflegen von Papier. Dieser Vorgang kann wiederholt werden bis die Farbe verbraucht ist.

Variante: In den fertigen Bildern lassen sich Tiere, Figuren, Pflanzen, Landschaften etc. entdecken. Diese mit Tusche hervorheben oder ausschneiden und auf farbiges Papier aufkleben.

Seifenblasenbilder

Material: Fingerfarben oder Temperafarben, Strohhalme, A4 Papier, tiefe Teller, Spülmittel

Anleitung: In tiefen Tellern mit Spülmittel und Wasser eine Seifenlauge ansetzen, in diese dann jeweils unterschiedliche Farben einrühren. Mit Strohhalmen solange in die farbige Seifenlauge blubbern, bis ein ganzer Berg von Seifenblasen entstanden ist. Dann von oben vorsichtig ein Blatt Papier auf die Blasen hinablassen. Das Papier bringt die Blasen zum platzen und die Blasen hinterlassen farbige Spuren auf dem Papier.

Dripping

Material: 3 Besenstiele oder ein anderes Gerüst, eine Kordel, leere Tropfflasche (z. B. Spülmittelflasche) oder Becher mit Löchern, Farbe, große Papierbögen (Tapete), Folie zum Unterlegen

Anleitung: Drei Besenstiele so aufstellen und oben mit der Kordel zusammenbinden, dass sie ein stabiles Gerüst (Dreibein) bilden. Alternativ kann auch ein anderes Gerüst verwendet werden: eine Staffelei, der Ast eines Baumes usw. Eine Tropfflasche wird mit Farbe gefüllt und in die Mitte des Gerüstes gehängt. Der Boden unter dem Gerüst ist mit Tapete ausgelegt. Nun die Flasche in Schwingung versetzen. Die Farbe soll aus der Flasche nicht herauslaufen, sondern nur tropfen. So entstehen interessante Zufallsbilder.

Fließende Farbe

Material: Staffelei, große Bögen festes Papier, Finger- oder Temperafarbe, Wasserbehälter, breite Pinsel, Zeichenbrett oder Weichfaserplatte, Kreppband, Folie.

Anleitung: Das Zeichenbrett oder die Weichfaserplatte auf die Staffelei stellen und das Papier darauf mit Kreppband befestigen. Mit der Folie den Boden schützen! Die Farbe mit Wasser verdünnen, so dass sie mit dem breiten Pinsel in satten Tropfen auf dem Papier zum Laufen gebracht werden kann. Den Pinsel an der Bildoberkante abstreifen und die Farbe in Rinnsalen das Bild hinunterfließen lassen.

Variationen ergeben sich ...

... durch das parallele Hinablaufen mehrerer Farbtöne.

... durch das Drehen des Papiers mit Unterlage.

... durch verschiedene Hindernisse (z. B. mit Klebeband), die die Richtung des Farbstroms beeinflussen.

4.2.2 Kreatives Gestalten mit Alltagsmaterialien

In den Unterkünften für Flüchtlinge mangelt es oft an Geld für die Materialien zum kreativen Gestalten. Deshalb ist es praktisch, im Umfeld von Supermärkten, bei Freunden und Bekannten, Alltagsmaterialien zu sammeln, die oft im Müll landen, wie Zeitungen und Zeitschriften, Plastikflaschen, Schuhkartons, Korken, Joghurtbecher, Schachteln, Woll- und Stoffreste, Knöpfe, Dosen, Holzreste, Bierdeckel, Kataloge, Eierkartons, einzelne Socken und Strümpfe zum Herstellen von Strumpfpuppen, Streichholzschachteln, usw.

Papierringe auf den Kopf

Mit einem Papierring auf dem Kopf können sich die Kinder Federn anstecken. Sie können auch Papierstreifen daran hängen, dann haben sie eine Art Perücke.

Falten mit Zeitungen

Bereits mein Großvater hat mir mal vor vielen Jahren aus Zeitungen einen Hut gefaltet. Auf den war ich sehr stolz!

Aus Zeitungen können wir auch Schiffe falten und vieles mehr. Anleitungen dazu findet man unter „Faltarbeiten mit Kindern" im Internet. Wir können aus einer Zeitung aber auch ein Fangspiel bauen.

Material: eine Zeitungsrolle, einen Zeitungsstreifen (besonders stabil), ein Apfelsinennetz, das wir am Verschluss aufschneiden

Anleitung: Wir formen einen Ring aus dem Streifen. Diesen verbinden wir mit Hilfe von Klebeband fest mit der Rolle, welche den Griff des Netzfängers abgibt. Das Apfelsinennetz befestigen wir an dem Ring mit einem Bürohefter. Dies sichern wir noch mit Klebestreifen ab. Mit einem Gummi- oder Tennisball können wir nun fangen spielen.

Korkenfangspiel

Material: Klebeband, Korken, Schnur, Zeitungspapier oder Joghurtbecher

Anleitung: Wir falten aus einer Zeitung eine Art Becher und kleben die Überschneidungen fest. Dann befestigen wir eine Schnur an dem Becher. An der Schnur befestigen wir einen Korken. Je länger die Schnur, desto schwieriger ist das Fangen.

Frisbee-Stern

Aus vier Zeitungsstreifen, die übereinander liegen, Klebeband und Bindfaden, können wir einen Frisbee-Stern bauen. Den Bindfaden flechten wir, indem wir ihn abwechselnd über und unter den Zacken hindurch ziehen.

Kugelbahn aus Klopapierrollen und Eierkartons

Material: Eierpappe, Klopapierrollen, Küchenkrepprolle, Kleber, Holzstöcke, Heftzwecken, doppelseitiges Klebeband

Die Elemente der Bahn bestehen aus Geraden, Kurven und Loopings. Kurven entstehen durch halbierte Klopapierrollen, die wir einschneiden.

Musikinstrumente selbst basteln

Inzwischen gibt es ja bei der Rückgabe von Dosen Pfand zurück. Aber es ist nicht viel und wir können die Dosen gut gebrauchen. Wenn wir die Dose sorgfältig mit kochendem Wasser ausgespült haben, können wir sie mit bunten Zeitschriftenschnipseln bekleben. Wir können sie auch mit weißem Papier bekleben und dieses bedrucken oder bemalen.

Wir füllen die Dosen mit Reis oder kleinen Steinen und kleben die Öffnungen fest zu, bevor wir sie dekorieren. Schon ist ein Rhythmusinstrument entstanden, mit dem wir prima ein Lied begleiten können. Das bringt viel Spaß.

Aus ausrangierten Töpfen und Kochlöffeln können Trommeln entstehen. Wenn wir in eine schmale, dünne Papierrolle Löcher schneiden, können wir auch noch zum Trommeln flöten. Ein tolles Orchester!

Wurfringspiel

Material: eine feste Papierrolle, Streifen verschiedener Dicke und Länge, Klopapierrollen, Buntes vom Papierstapel, evtl. Farbe

Anleitung: Eine feste Papierrolle umwickeln wir unten mit Streifen, sodass ein Ständer entsteht (etwa 20 bis 25 Zentimeter Durchmesser). Für das Wurfringspiel muss der Ständer eine gute Standfestigkeit haben. Eine Klopapierrolle, welche wir bunt bekleben, verschönert den Zielstab. Aus ähnlichem Material bekommt sie ein „Hütchen", das verhindert, dass sie über dem Zielstab nach unten rutscht. Wurfringe schneiden wir aus Streifen verschiedener Längen zurecht. Kleine Kinder bekommen die großen Ringe, große Kinder die kleinen Ringe.

Kartonregal

Wir bauen aus Kartons ein Regal, indem wir die Kartons mit doppelseitigem Klebeband aneinander befestigen. Dann malen wir mit Farben und mit dicken Pinseln oder Rollen die Kartons außen und innen sauber an. Fertig ist ein Regal!

Teppiche selber flechten

Wir schneiden aus Stoffresten lange Streifen. Mit jeweils drei Streifen flechten wir lange Zöpfe. Die Zöpfe nähen wir mit Zwirn aneinander. Je mehr Personen bei der Aktion helfen (Bänder flechten, Bänder halten und nähen), desto eher ist der Teppich fertig.

Bemalen von Stoff

Einen einfarbigen Stoffrest oder ein weißes, ausrangiertes Bettlaken können wir gut mit Farben bemalen und bedrucken (Handabdruck, Fußabdruck, Korken- oder Kartoffeldruck ...)Tücher die wir mit Seidenmalfarbe oder Stoffmalfarbe bemalen, können die Familien dann nutzen, um ihren privaten Schlafplatz in der Halle abzuhängen und zu verschönern.

Verlauftechnik mit Lackfarben

Material: Keks- oder Kaffeedose, Schmirgelpapier, Lackfarben

Anleitung: Die Dose rauen wir mit Schmirgelpapier an und grundieren sie mit Farbe. Wenn die Grundfarbe aufgetragen ist, lassen wir etwas Lackfarbe auf den Deckel laufen. Wir bewegen den Deckel hin und her, damit die Farbe verläuft. Wir tröpfeln eine andere Lackfarbe darüber und bewegen wieder den Deckel, so laufen die Farben ineinander.

Achtung: Die Farben verlaufen besser, wenn die Grundfarbe noch feucht ist. In der Dose können die Kinder etwas sammeln oder etwas hineinlegen, was ihnen wichtig ist.

Farbspachtelbild

Material: Spachtel, festes Papier, Packpapier, Karton, Plakat-Dispersionsfarbe, Eislöffel, Plastikschaber, Joghurtbecher

Anleitung: Die Farbe tragen wir unterschiedlich mit dem Spachtel auf. Wir können auch mehrere Farben übereinander schichten. Das Trocknen dauert einige Tage. Solch ein Farbwerk, auf ein großes Plakat oder eine Leinwand aufgetragen, ist ein Kunstwerk. Ein Pappbild können wir durch einen selbstgebastelten Holzrahmen verschönern.

Kleistermalerei

Material: Tapetenkleister, Finger- oder Temperafarbe, festes, großes Papier, kleine Gegenstände, Plastikfolie

Anleitung: Papier mit Kleister einstreichen. Farbe darüber klecksen und mit verschiedenen Gegenständen (Kamm, Gabel, ...) verstreichen, Muster ziehen und auf der Plastikfolie trocken lassen.

Wir können anschließend eine Kladde mit dem Papier bekleben, das wir mit dieser Farbtechnik gestaltet haben.

Aquarellfarben

Auf nassem, saugfähigem Papier können wir Aquarellfarben ineinander laufen lassen.

Wachsübermalung

Material: Wachsstifte, Wasserfarben

Anleitung: Mit Wachsstiften oder einer Kerze malen wir ein Motiv auf ein Blatt Papier (evtl. auch mit Kleber). Mit einem dicken Pinsel und Wasserfarbe übermalen wir dann das Motiv.

Abspültechnik

Material: Deckweiß, schwarze Tusche, Pinsel und Papier

Anleitung: Mit Deckweiß malen wir ein Bild, das wir mit schwarzer Tusche übermalen. Wenn es getrocknet ist, spülen wir es ab – die Stellen, an denen wir zuvor mit Deckweiß gemalt haben, lösen sich.

Patchworkdecke

Wir schneiden aus Stoffresten oder unbrauchbarer Kleidung mit der Zickzackschere Quadrate. Diese nähen wir dann mit Nadel und Faden patchworkartig zusammen. So entstehen auch schöne Überdecken für die Schlafstellen.

Obst und Gemüse aus Pappmaché

Material: Tapetenkleister, Zeitungspapier, Wasser, Farben, Pinsel, ggf. etwas Sprühlack

Wir knüllen aus Zeitungspapier einen Ball und bestreichen ihn mit Kleister. Dann umwickeln wir den Ball mit Zeitungspapier und lassen ihn einen Tag trocknen. Später bemalen wir ihn mit Farbe, etwa als Apfel.

Gebäude aus Holzspießen und getrockneten Erbsen

Die Kinder können mit dünnen Holzspießen und getrockneten Erbsen etwas bauen. Sie sind dann kleine Architekten und die Feinmotorik wird gefördert. Gerade Kindern, die kein Konstruktionsspielzeug haben, vertreibt das die Langeweile.

Zeitungsgirlanden

Für ein Fest oder eine Feier können wir schnell und kostenlos Girlanden aus Zeitungspapier herstellen. Wir brauchen dazu Zeitungen und Klebeband.

Die Zeitungen schneiden wir in lange, breite Streifen. Auf jeder Seite gibt es in bestimmten Abständen Einschnitte (siehe Foto). Sie lassen sich dann wie eine Ziehharmonika zu einer Girlande auseinander ziehen. Wenn wir mehrere Streifen aneinander kleben, wird die Girlande noch länger.

Vorsicht, dass die Girlande nicht reißt – nicht zu weit einschneiden!

Perlenketten

Aus farbigen Papieren stellen wir etwa 30 cm lange und 5 bis 8 cm breite Streifen her.

Im Abstand von 3 cm kennzeichnen wir die Streifen an einer Seite mit Punkten. Auf der gegenüberliegenden Seite nun, 1,5 cm versetzt, ebenfalls. Immer im Abstand von 3 cm stehen die Markierungen (1,5 cm, dann 4,5 cm, usw.). Wir schneiden von einem Punkt zum anderen Dreiecke aus. Mit Daumen und Zeigefinder legen wir jeweils ein Dreieck um eine Stopfnadel. Die Spitze kleben wir mit Kleber fest. Mit Nadel und Faden fädeln wir die fertigen Perlen zu Ketten.

Bilder aus Krepppapierkügelchen

Aus Krepppapier schneiden wir 3 cm lange Streifen. Diese zerteilen wir in quadratische Stücke. Daraus rollen wir Kügelchen. Ein Motiv auf ein Blatt Papier malen (Blume, Fisch, usw.) und Klebstoff darauf verteilen. Die Kügelchen dicht an dicht darauf kleben.

Seifenblasen selbst herstellen

Material: 0,5 l Wasser, 75 g Zucker, 13 g Tapetenkleister, 375 ml Neutralseife, 4,5 l Wasser

Den Zucker zunächst in 0,5 l Wasser auflösen. Die Neutralseife und den Tapetenkleister hinzufügen und anschließend langsam 4,5 l warmes Wasser einrühren. Nach einer Nacht Ruhezeit ist die Seifenblasenlauge fertig.

Geschenkpapier mit Tropfbatik

Flüssiges Wachs einer Kerze verteilen wir auf einem weißen Blatt. Dann bemalen wir den Bogen mit Farbe. Nach dem Trocknen können wir das Papier erneut mit Wachs beträufeln. Die Wachstropfen bügeln wir am Schluss zwischen saugfähigem Zeitungspapier heraus.

Wir gestalten ein Memo-Spiel

Ein Memo-Spiel kann aus Schachteln, Pappstücken, Bierdeckeln usw. gestaltet sein. Wichtig ist, dass jedes Motiv auf zwei Karten vorkommt oder die gleichen Sachen in zwei Schachteln gelegt werden. Dabei müssen die Rückseiten, bzw. die Oberflächen der Schachteln, aber alle gleich gestaltet sein (gleiche Farbe oder mit gleichem Papier beklebt).

Beim Fühlmemo sind zwei gleiche Materialien aufgeklebt, die erfühlt werden müssen. Die Augen müssen dann geschlossen werden oder wir binden ein Tuch um die Augen oder setzen eine lustige Brille auf, durch die man nichts sehen kann.

Auch ein Farben- oder Formenmemo können wir herstellen, ein Fotomemo, ein Zahlen- oder Buchstabenmemo.

Persönliches Fotoalbum aus Pappe

Wir machen lustige Fotos von jedem Kind, beim Malen, Spielen, Turnen, ... möglicherweise auch von den Eltern und Freunden. Die Fotos werden in ein Album aus Pappseiten geklebt und beschriftet. Die Pappseiten lochen wir und halten sie mit einem Band zusammen.

Persönliche Schachtel gestalten

Material: Schachteln, Pinsel, Glitzerpulver, Farben, Federn usw.

Jedes Kind darf sich seine kleine Schachtel gestalten. Vielleicht kleben wir noch ein Foto des Kindes darauf und schützen die Schachtel mit selbstklebender Folie vor Flecken. In dieser Schachtel bewahren die Kinder dann ein paar Dinge auf, die ihnen wichtig sind.

5. Bildungsbereich Spiel und Bewegung

5.1 Spielen als Grundbedürfnis von Kindern

Spielen ist ein Grundbedürfnis von Kindern. Sie freuen sich über Material, mit dem sie für sich allein oder mit anderen Kindern Spiele entwickeln und gestalten können. Da Flüchtlingskinder oft kein Spielmaterial haben, freuen sie sich über Aktivitäten, Angebote und Aktionen, zu denen wir Material mitbringen.

Die Kinder sind offen für unterschiedliche Formen von Spielen. Sie sind meist sehr motiviert für Bewegungsspiele, aber auch für viele andere Spielkategorien. Hier stellen wir nun einige Ideen für Aktivitäten vor, die bei Kindern aus den Flüchtlingsunterkünften gut ankamen und ihren Bedürfnissen gerecht wurden.

5.2 Bewegungsspiele

5.2.1 Lauf- und Fangspiele

Blinder schlägt ab

Material: eine Maske oder ein Tuch

Der Spielleiter beginnt. Er bindet das Tuch um (oder setzt die Maske auf) und versucht, die anderen um sich herum abzuschlagen. Diese bewegen sich in einem begrenzten Raum. Wer abgeschlagen ist, bleibt ohne Bewegung stehen. Der Spielleiter übergibt das Tuch (die Maske) dem Letzten, den er abschlägt.

Blinde Kuh mit Zahlen

Variante des Spiels *Blinder schlägt ab*

Wir spielen das Spiel so, dass jedes Kind eine Zahl hat. Die „blinde Kuh" ruft zwei Zahlen auf, die entsprechenden Spieler tauschen die Plätze. Auf ein Zeichen laufen sie durch den Kreis und werden dann von der „blinden Kuh" gefangen.

Hüpf, blinder Floh

Beim Fangen hat der blinde Floh beliebig viele Sprünge frei.
Der sehende Floh hat dagegen nur zehn Sprünge frei.
Wer wird zuerst gefangen?

Sucher gesucht

Die Kinder werfen einen Gegenstand in die Mitte; ein Kind muss diesen dann mit verbundenen Augen suchen.

Schuhsucher

Wir knoten die Schuhe der Kinder (und Erwachsenen) an ein langes Band. Eine Gruppe läuft damit weg; wir müssen hinterherlaufen und die Schuhe aufknoten.

Tintenfisch

Der Tintenfisch hat lange Fangarme. Er steht auf der einen Seite, die Kinder auf der anderen. Er versucht nun, Kinder zu fangen. Wenn er sie erwischt, knien sie sich hin, breiten ihre Arme aus und sind jetzt auch Tintenfische.

Eisenbahnstaffel

Die Gruppen stehen in je einer Reihe an der Startlinie. Der erste Läufer saust los zu einem Ziel, läuft um es herum, zurück zur Gruppe und schlägt den zweiten Läufer ab. Dieser legt seine Hände auf die Schultern des Vordermanns. Erst laufen sie zu zweit, dann zu dritt, ... schließlich die ganze Eisenbahn.

Flussgeist

Wir grenzen einen fünf Meter breiten „Fluss" mit Schnüren ab. Auf beiden Seiten stehen sich die Kinder gegenüber. In der Mitte ist der Flussgeist, der den Fluss nicht verlassen darf, die Kinder aber durch Winken anlockt. Das Kind, dem er zugewinkt hat, gibt einem anderen Kind auf der anderen Seite ein Zeichen und rennt los, um mit ihm den Platz zu tauschen. Wer beim Überqueren gefangen wird, muss der nächste Flussgeist sein.

Komm mit, lauf weg

Alle Teilnehmer stehen im Kreis. Ein Spieler (Spieler 1) steht außerhalb des Kreises und geht herum, alle anderen Teilnehmer haben die Augen geschlossen. Spieler 1 tippt einer zufällig ausgewählten Person auf die Schulter, diese Person dreht sich um und Spieler 1 sagt zu Spieler 2: „Komm mit!" Nun muss Spieler 2 hinter Spieler 1 herlaufen und versuchen, als erstes den leeren Platz einzunehmen. Spieler 1 kann aber genauso gut sagen: „Lauf weg!" Dann muss Spieler 2 in die entgegengesetzte Richtung laufen und trotzdem versuchen den leeren Platz einzunehmen. Derjenige von den beiden Spielern, der den Platz nicht bekommen hat, muss als nächstes eine Person antippen.

Bruder hilf

Ein oder mehrere Kinder sind Fänger. Die Läufer können sich retten, indem sie laut „Hilfe" rufen und sich mit einem anderen Läufer zusammenfinden. Dieses Paar darf dann nicht getickt werden.

Überspringen macht frei

Alle Kinder sitzen mit ausgestreckten Beinen auf dem Boden. Durch Überspringen von Beinen kann der Läufer einen Wechsel bewirken: Der Fänger wird Läufer, das übersprungene Kind Fänger.

Sitz Hase – lauf Hase

Drei oder vier Fänger stupsen die Hasen an und rufen ihnen „Sitz Hase!" zu. Die sitzenden Hasen können von den laufenden Hasen durch Anstupsen und den Ruf „Lauf Hase!" befreit werden.

Kettenfangen

Ein oder mehrere Fänger versuchen, die Mitspieler zu berühren. Berührte Kinder bilden mit dem Fänger die immer länger werdende Kette, die nicht auseinanderreißen darf.

Variation: Eine Kette von vier Fängern wird in zwei Paare geteilt.

Federnrupfen

Zwei bis vier Fänger bekommen je mehrere Wäscheklammern, die an die Kleidung geheftet werden. Haben sie einen Läufer erreicht, können sie ihm eine Klammer anheften. Der Fänger, der zuerst keine Klammern mehr hat, ist Sieger.

Brücken kriegen

Ein oder mehrere Fänger versuchen, die umherlaufenden Kinder abzuschlagen. Erwischte Kinder müssen eine Brücke bilden. Sie können befreit werden, indem die noch laufenden Kinder unter der Brücke hindurchkriechen.

Fische fangen

Zwei Fischer, die sich an den Händen fassen, fangen die herumlaufenden Fische, die sich dann in eine Heringsdose (großer Karton) legen müssen. Sind zwei Fische in einer Dose, werden sie zusätzliche Fischer. Der letzte Fisch ist ein Goldfisch.

Hecht im Netz

Allen Spielern werden die Augen verbunden. Sie fassen sich an und bilden einen Kreis. Inmitten des Kreises steht ein „sehender“ Spieler, der den Hecht darstellt. Er versucht, aus dem Kreis zu entschlüpfen. Bei jedem Versuch muss er in die Hände klatschen. Gelingt es dem Hecht zu „entwischen“, muss der in den Kreis, der das verschuldet hat.

ZIP-ZAP

Alle sitzen im Kreis. Jeder merkt sich den Namen vom rechten und linken Nachbarn. In der Mitte steht ein Spieler. Dieser zeigt auf einen der sitzenden Spieler und sagt „ZIP“, „ZAP“ oder „ZIP-ZAP“.

Bei ZIP muss der Spieler, auf den gezeigt wurde, den Namen seines linken Nachbarn sagen, bei ZAP den Namen des Rechten.

Wer sich „vertut“ muss in die Mitte.

Bei „ZIP-ZAP“ wechseln alle Spieler im Kreis ihre Plätze.

Lachgang

Die Spieler stehen sich in zwei Reihen gegenüber.

Ein Spieler geht mit den Händen auf dem Rücken und muss jedem Spieler ins Gesicht sehen.

Dabei darf er nicht lachen, während die anderen versuchen, ihn durch Grimassenschneiden zum Lachen zu bringen. Berühren dürfen sich die Kinder dabei nicht. Wer hält das durch?

5.2.2 Spiele mit Musik und Luftballons

1. Die Kinder klemmen einen Luftballon zwischen sich ein und versuchen, ihn beim Tanzen nicht zu verlieren. (Möglichkeiten: zwischen den Köpfen, den Knien, dem Rücken, ...)
2. Die Kinder müssen versuchen, mit geschlossenen Augen einen Luftballon hochzuwerfen und zu fangen (zu langsamer, ruhiger Musik).
3. Wir verteilen an die Kinder Luftballons in verschiedenen Farben. Während die Musik spielt, werfen die Kinder die Luftballons in die Luft und fangen sie wieder auf. Beim Musikstopp finden sich alle Kinder zusammen, deren Luftballons die gleiche Farbe haben. (Dieses Spiel ist einfach. Die Kinder können die Regel leicht verstehen und können sich bei der Gruppenbildung gut gegenseitig helfen.)
4. Jedes Kind darf mit Filzstift ein Symbol auf seinen Luftballon malen. Während die Musik spielt, tauschen alle die Luftballons

und wirbeln sie bunt durcheinander. Beim Musikstopp muss jedes Kind seinen Luftballon wieder finden. (Dieses Spiel eignet sich, um die Konzentrationsfähigkeit der Kinder zu trainieren. Sie können wild herumspringen, müssen sich jedoch auf ein Zeichen konzentrieren.

5. Zur Musik werfen die Kinder Luftballons hin und her. (Achtung: Wenn ein Luftballon zerplatzt, können sich die Kinder erschrecken!)

5.2.3 Spiele mit Tüchern

Beschäftigung mit Tüchern

Die Kinder können Tücher hin und her werfen und auch Jonglieren damit üben. Oder sie binden sich die Tücher um den Kopf oder um den Körper.

Tücher und Musik

1. Beim Einsatz der Musik werden die Tücher hoch über dem Kopf geschwungen – die Kinder springen und laufen zur Musik wild herum. Bei Musikstopp breiten die Kinder ihr Tuch aus, setzen sich darauf und stellen sich schlafend. Setzt die Musik wieder ein, erwachen sie und alles beginnt von vorn.
2. Die Kinder knoten ihre Hand- oder Fußgelenke mit den Tüchern zusammen, um wild zur Musik herumzuhopsen. Beim Musikstopp bleiben alle wie erstarrt paarweise stehen. Dann entknoten sie das Tuch und wechseln den Partner. (Bei diesem Spiel üben sich die Kinder mit verschiedenen Partnern in Geschicklichkeit und Bewegung.)

Farbenpracht

Alle Kinder laufen mit verschiedenfarbigen Tüchern im Raum umher. Auf ein Zeichen (etwa bei Einsatz von Musik) tun sich alle Kinder zusammen, die Tücher der gleichen Farbe haben. Diese Kinder bilden einen Kreis, laufen im Kreis herum und wedeln dazu mit ihrem Tuch.

Hexenspiel

Einige der Kinder haben Tücher um den Kopf gebunden. Sie stellen die Hexen dar und versuchen, die anderen Kinder in ihr „Hexenhaus“ zu locken (Matten, Decken, mit Kreide aufgemalte Quadrate oder Kreise). Sie können auch von Anfang an dort bleiben und versuchen, die Kinder zu fangen, die über die „Schwelle“ treten.

Gelenke verbinden

Die Kinder finden sich zu Paaren zusammen. Sie knoten ihre Tücher zusammen. Mit dem verlängerten Tücherband können sie nun Armgelenke oder Fußgelenke zusammenknoten und so durch die Gegend hüpfen.

5.2.4 Spiele mit Zeitungen

Zeitungsball

1. Wir knüllen viele Zeitungen zu Bällen zusammen. Nun können wir eine Schneeballschlacht veranstalten.
2. Auf ein Zeichen fasst jedes Kind den Ball mit den Zehen, wirft ihn hoch und fängt ihn mit den Händen.
3. Die Kinder haben alle einen Zeitungsball vor ihrem Kopf. Auf ein Zeichen schieben sei den Ball vor sich her bis zu einer Ziellinie.
4. Wir können mit den Bällen auch Fußball spielen.

Gezeiten

Die Kinder üben mit Hilfe der Zeitungen Liegestütz.

Jeder stützt sich mit den Händen auf seine Zeitung und vollführt in dieser Haltung mit den Füßen einen Kreis um die Zeitung.

Die Kinder liegen auf dem Bauch und halten die Zeitungen mit gestreckten Armen vor sich, oder sie pusten die Zeitung vor sich her.

Sie liegen auf dem Rücken, halten die Zeitung über dem Kopf und pusten sie in die Luft.

Fechterei

Diesmal rollen wir die Zeitung zusammen. Jeweils zwei Kinder können nun mit ihrer Rolle einen Fechtkampf veranstalten, bis die Zeitung kaputt reißt.

Möglich ist es auch, mit den Zeitungsrollen verschiedene Lauf- und Fangspiele durchzuführen.

5.2.5 Spiele mit Kartons

Große leere Kartons gibt es in jedem Supermarkt. Wir können nicht nur tolle Sachen daraus basteln, sondern auch Bewegungsspiele damit durchführen. Kartons eignen sich bei Tobespielen auch als Kopfschutz. Den Kindern macht es besonders viel Spaß, mit bemalten und beklebten Kartons zu agieren. So können wir lustige Masken bauen und Bewegungsaktionen damit entwickeln.

Mauerbau

Die Kinder bauen mit den Kartons eine Mauer, die sie anschließend wieder abtragen. Sind die Kartons unterschiedlich bemalt, so können wir Gruppen bilden. Jede Gruppe hat die Aufgabe, eine Mauer in ihrer Farbe zu bauen. Damit das Konkurrenzverhalten unter den Kindern nicht zu groß wird, können die Kinder zum Abschluss ein Gemeinschaftswerk aufbauen. Hierbei erhöht eine Zeitbegrenzung den Reiz des Spiels.

Maskentausch

Die Kinder tragen Kartonmasken auf dem Kopf und springen und laufen damit im Raum herum. Auf ein Signal hin wechseln sie die Masken und laufen weiter.

Wir können auch so spielen, dass nur einige Kinder die Masken tauschen, während sich die übrigen Kinder die Augen zuhalten. Danach raten sie, wer sich unter der Maske versteckt.

Reizvoll ist es auch, ein Spielfeld aufzumalen, auf dem sich die Kinder als Spielfiguren bewegen.

Sackhüpfen

Material: wahlweise großer, reißfester Müllbeutel, Bettbezug oder Jutesack, Holzspäne/Absperrband, Stoppuhr

Eine Strecke festlegen, Start und Ziel markieren.

Die Teilnehmer/innen steigen in die vorbereiteten Säcke. Auf das Zeichen „Auf die Plätze, fertig, los", hüpfen alle los. Wer als Erster das Ziel erreicht, hat gewonnen. Als Variante können wir auch die Zeit stoppen und die Teilnehmer/innen erhalten eine bestimmte Punktzahl.

Eierlaufen

Material: Eier, Kartoffeln, Murmeln, Löffel oder Holzstäbe, Absperrhüte oder Ähnliches, Stoppuhr

Wir markieren Start und Ziel einer Strecke und statten sie mit Hindernissen aus. Um einen größeren Anreiz zu schaffen, können wir eine Stoppuhr benutzen. Jeder Teilnehmer hat ein Ei auf seinem Löffel und versucht so schnell wie möglich, den Parcours zu durchlaufen. Die Schwierigkeit ist, das Ei ins Ziel zu transportieren. Hierbei darf das Ei nicht herunterfallen, sonst muss der Teilnehmer vom Startfeld neu beginnen. Im Ziel angekommen, legen die Teilnehmer das Ei mit ihrem Löffel auf den Löffel des nächsten Spielers, jetzt wird die erreichte Zeit gestoppt.

5.3 Sinneswahrnehmungsspiele

5.3.1 Konzentrationsspiele

„Farbenaufmarsch"

Alle Mitspieler bilden einen großen Kreis. Der Spielleiter sagt: „Es gibt viele bunte Farben. Farben spielen eine wichtige Rolle in unserem Leben. Sie machen die Welt bunter. Auch hier im Kreis gibt es viele verschiedene Farben."

Alle Mitspieler haben etwas Farbiges an, etwa einen roten Pullover, ein blaues T-Shirt, eine gelbe Hose ... Jeder Mitspieler entscheidet

sich für eine der Farben, die er trägt. Zu jeder Farbe gibt es eine bestimmte Bewegung, die der Spielleiter ansagt und einmal vormacht.

Die Bewegungsmöglichkeiten können vielseitig sein. Beispielsweise machen alle Spieler, die etwas Blaues tragen, einen Schritt nach vorn und klatschen in die Hände.

Jetzt machen alle Mitspieler, die etwas Rotes anhaben, einen Schritt nach vorne und hüpfen. Und so verfahren wir weiter, bis alle Farben, die die Mitspieler tragen, besprochen und den passenden Bewegungen zugeordnet sind. Jeder Mitspieler muss sich seine Farbe und die dazugehörige Bewegung merken. Jetzt geht es darum, dass alle gemeinsam im Uhrzeigersinn einmal im Kreis herumgehen und jeder dabei seine Bewegung ausführt.

Farben-Memo

Material: bunte Bälle und Decke

Wir bilden zwei Mannschaften. Die Mannschaften stellen sich in jeweils einer Reihe gegenüber auf. Der Spielleiter steht zwischen den Reihen. Beide Teams und der Spielleiter erhalten die gleiche Anzahl farbiger Bälle.

Während der Spielleiter eine farbige Reihe aus den Bällen gestaltet, stehen die Mitspieler mit dem Rücken zu ihm, damit sie noch nichts sehen können. Die Anzahl der Bälle, die der Spielleiter in die Reihe einbaut, hängt vom Alter und von den Fähigkeiten der Mitspieler ab. Auf den Aufruf des Spielleiters haben die Mitspieler kurz Zeit, sich die Reihenfolge der farbigen Bälle zu merken. Anschließend deckt er die Bälle mit einer Decke ab. Die Mitspieler versuchen, die Reihenfolge möglichst schnell nachzubilden.

Der Punkt geht an die Mannschaft, die die Reihenfolge als erstes und richtig nachgemacht hat. Wenn die eine Mannschaft schneller fertig wird, aber die Reihenfolge der Bälle nicht stimmt, dann bekommt die Gegenmannschaft den Punkt.

Foto-Memo

Beim Foto-Memo geht es darum, die meisten Foto-Pärchen zu finden. Die Fotos liegen verdeckt auf dem Tisch und nacheinander dürfen die Spieler immer zwei Fotos umdrehen. Sind diese verschieden, werden die Fotos wieder verdeckt umgedreht. Der nächste Spieler ist dran und deckt wieder zwei Fotos auf. Hat er zwei gleiche Fotos gefunden, darf er diese vor sich auf den Tisch legen. Er darf erneut Fotos umdrehen. Das Ziel des Spieles ist, so viele Foto-Pärchen wie möglich zu finden. Wer die meisten Pärchen hat, hat gewonnen.

Variante: Um das Spiel etwas schwieriger zu gestalten, ist es möglich, zwei verschiedene Fotos, die sich aber ähneln, als Pärchen zu nehmen.

Foto-Puzzle

Um ein Fotopuzzle zu erstellen, müssen wir ein Motiv auswählen und es fotografieren. Dazu eignen sich etwa die Kinder oder verschiedene Obstsorten usw. Das Foto drucken wir groß genug aus. Um es stabiler zu machen, können wir es auf Pappe oder einen anderen Untergrund aufkleben und anschließend beliebig zerschneiden. Je nach Alter können Form und Größe der Puzzleteile variieren.

Ballwerfen

Material: Bälle, großer Eimer

Alle Mitspieler nehmen sich je einen Ball und bilden einen großen Kreis. In der Mitte des Kreises steht ein großer Eimer. Der Spielleiter sagt eine Farbe an. Die Mitspieler, deren Ball diese Farbe hat, versuchen gleichzeitig, ihren Ball in den Eimer zu werfen. Danach kündigt der Spielleiter die nächste Farbe an. So geht es weiter, bis alle Bälle im Eimer sind.

5.3.2 Spiele mit Schwungtuch

Wellenreiten

Die Kinder halten das Schwungtuch an den Griffen in Hüfthöhe fest. Auf ein Zeichen hin, beginnen sie die Arme nach oben und unten zu bewegen, so dass das Schwungtuch „Wellen“ schlägt.

Richtungswechsel

Die Kinder halten das Schwungtuch nur mit der rechten Hand am Griff fest und gehen damit im Kreis. Der Spielleiter gibt ein Zeichen und die Kinder wechseln die Hand und gehen in die andere Richtung.

5.3.3 Ballspiele

VIP-Merkball

Materialien: 1 bis 3 Bälle, ein eingegrenztes Feld

Ablauf: Am Anfang bilden sich Paare. Diese dürfen sich dann aussuchen, wer der VIP und wer der Beschützer ist. Der Beschützer hat die Aufgabe, seinen VIP zu beschützen. Dann kommen die Bälle ins Spiel und wir versuchen, jeweils den VIP eines Teams abzuwerfen.

Regeln:

- Der VIP muss gekennzeichnet werden.
- Nur der VIP kann rausgeworfen werden.
- Kopftreffer zählen nicht.
- Wenn der VIP den Ball fängt, scheidet das Team, welches geworfen hat, aus.

Wichtig: Jeder Spieler muss sich merken, wer ihn abgeworfen hat. Wird derjenige auch abgeworfen, ist der Spieler wieder dabei.

Ball über das Seil

Material: Ball, Seile

Wir benötigen zwei Bäume, zwischen die wir ein Seil spannen. Je nach Größe der Mannschaften, stecken wir das Spielfeld ab.

Wir bilden zwei Mannschaften.

Der Ball wird so über das Seil geworfen, dass die gegenüberliegende Mannschaft den Ball möglichst nicht fangen kann.

Wenn dies gelingt, gibt es einen Punkt.

Fängt ein Spieler den Ball, muss er ihn gleich wieder über das Seil werfen und seinerseits versuchen, einen Punkt zu bekommen.

(Die maximale Punktzahl variiert nach Mannschaftsgröße, Lust und Laune der Mitspieler, usw.)

5.4 Verkleidungsspiele

Verkleiden

Material: Verkleidungskoffer (Brillen, Tücher, Kopfbedeckungen, selbst genähte Verkleidung aus Stoffresten, Kleidung aus der Kleiderkammer)

Die Kinder lieben es, sich zu verkleiden. Sie tanzen verkleidet zur Discomusik, machen Rollenspiele, eine Modenschau und inszenieren mit unserer Begleitung Shows und Szenen.

Verkleiden macht immer Spaß – nicht nur zum Fasching!

5.5 Brett- und Kartenspiele

Zu unserem Erstaunen haben viele Kinder Ausdauer und Geduld bei geselligen Spielen am Tisch oder auf einem Bauteppich gezeigt.

Einfache Würfelspiele wie „Mensch ärgere Dich nicht“ waren durchaus beliebt.

Wir haben den Spielplan auf Pappe gemalt und als Setzfiguren Korken angemalt. Würfel haben wir gekauft.

Nachdem die Kinder die Spielregel verstanden hatten, wollten sie selber so ein Spiel besitzen.

Auch Kartenspiele haben wir selber hergestellt.

Wichtig ist, die Teile des Spiels zu laminieren oder mit selbstklebender Folie zu überziehen, damit sie haltbar sind.

Ein Lottospiel mit Tieren und Blumenmotiven ist entstanden, ebenso Spiele, die den Kindern helfen, die Umgebung um die Unterkunft herum, zu erkunden.

So haben wir Fotos von einem Spielplatz, einer Bushaltestelle, einer Schule und von einem Supermarkt gemacht.

Wir haben dann einen Spielplan erstellt, in dem die Unterkunft aufgemalt war und ringsherum die Namen umliegender Straßen und

Plätze. Die Fotos haben wir auch platziert. Die Aufgabe war es, auf den Setzfeldern, entlang der Straßen, Orte aufzusuchen und zum Schluss wieder an der Unterkunft anzukommen.

Die Kinder hatten immer wieder neue Ideen für solche Spiele.

Auch „Halli-Galli" ist ein beliebtes Spiel. Alle decken Karten auf und wer entdeckt, dass er eine ähnliche Karte hat, drückt eine Klingel und darf dann die Karten behalten.

Auf Flohmärkten finden wir günstig gebrauchte Spiele, auch über Spendenaufrufe im Freundeskreis.

Gute Erfahrungen haben wir damit gemacht, dass Kinder sich die Spiele, die in Kisten beim Sicherheitsdienst untergebracht waren, gegen ein Pfand ausleihen konnten.

Wenn sie diese dann vollständig zurückgebracht hatten, bekamen sie das Pfand zurück.

Unser Ziel ist, dass die Kinder, auch ohne Angebote der Kinderbetreuung, eigenständig spielen können und durch die Angebote Beschäftigungsmöglichkeiten kennenlernen.

6 Bildungsbereich Natur / Umwelt / Technik / Physik

6.1 Kinder haben ein Recht auf Bildung

Vielleicht fragen sich einige Leser, warum dieser Bildungsbereich für Flüchtlingskinder wichtig ist. „Die haben doch ganz andere Sorgen, als sich in diesem Bereich schon früh Bildungserlebnissen zuzuwenden."

In den Fortbildungen ehrenamtlicher Helfer meinten einige Helfer, dass es ausreichen würde, die Kinder „irgendwie" zu beschäftigen und ihnen die Langeweile zu vertreiben. Perlenketten aufziehen, Mandalas ausmalen, Flieger aus Faltpapier falten usw.

Diese Aktivitäten bringen den Kindern durchaus Freude. Ich will sie auch nicht abwerten. Allerdings wollen die Kinder mitunter auch mehr. Sie haben ein Recht auf Bildung. Sie sind neugierig, sie wollen etwas wissen, möchten forschen, entdecken, ausprobieren, etwas lernen, so wie andere Kinder auch.

Viele Kinder besuchen weder eine Schule noch einen Kindergarten. Sie besitzen keine Bücher. Deshalb sollten wir ihnen auch spielerisch

Aktivitäten aus dem Bereich Physik, Mathematik, Technik, Natur und Umwelt anbieten.

So finden es die Kinder etwa spannend, zu erkunden, was auf dem Wasser schwimmt und was untergeht (Experiment mit einer Schüssel Wasser, Steinen, Korken, ... usw.). Sie möchten das Experiment mit Backpulver und Wassertropfen in Dosen ausprobieren und freuen sich, wenn durch die Gärung der Deckel der Dose hochfliegt.

Kinder probieren gern aus, beobachten, vergleichen. Dabei wird das Interesse von Handlungen geleitet. Wenn wir ihnen verschiedene Gefäße, Gläser, Behälter bereitstellen, können sie ausprobieren, wie Wasser sich färbt, wenn man Farbe hineinträufelt. Ein Eiswürfel auf einem Löffel schmilzt über einem Teelicht, Stärkepulver und Wasser ergeben einen „Zauberteig“, ... All das finden Kinder faszinierend.

Kinder interessieren sich auch für Technik, für Geräte mit ihren verschiedenen Funktionen. Es macht ihnen Spaß mit technischem Spielzeug etwas zusammenzubauen, das später eine Funktion hat, ein Auto zum Beispiel, dessen Räder sich bewegen. Ein Kollege brachte einmal einen großen Karton mit technischem Bauspielzeug als Spende mit in die Unterkunft. Die Kinder waren sofort fasziniert, besonders die Jungen. Sie bauten stundenlang nach Vorlagen etwas zusammen. Dabei probierten sie so lange verschiedene Möglichkeiten aus, bis es funktionierte.

Auch mit Holz arbeiten die Kinder gerne und bauen sich aus Holzresten mit Nägeln, Hammer, Schrauben und einem Handbohrer etwas zusammen. Erwachsene helfen bei solchen Aktivitäten meist gern mit. Sie haben selbst oftmals Langeweile und freuen sich, wenn sie etwas tun können. Bei solchen Arbeiten kommt auch Mathematik ins Spiel.

Es ist spannend für die Kinder, wenn sie selbst nach dem „Versuch und Irrtum-Schema“ experimentieren können.

Fragen und Antworten reichen nicht aus, sie wollen es selbst „begreifen“, Erfahrungen machen.

Gerade die Flüchtlingskinder, die kaum Deutsch sprechen, können ihre Fragen noch nicht so formulieren, wie sie es gerne möchten. Oft sind sie traurig, wenn sie die Antworten nicht verstehen. Das praktische Experimentieren kommt ihnen da sehr entgegen.

6.2 Kleine naturwissenschaftliche Experimente

Das Experiment mit zwei Gläsern

Material: 1 hohes, großes Einmachglas, 1 kleines, schmales Marmeladenglas, 1 Band/Kordel, rote Wasserfarbe (aus dem Malkasten), heißes Wasser

Um das kleine Marmeladenglas eine Kordel binden, so dass man das Glas an der Schnur in das Einmachglas tauchen kann.

Nun das große Glas mit kaltem Leitungswasser füllen. In das kleine Glas heißes Wasser füllen, rote Farbe hinzugeben, die sich verteilt. Das kleine Glas nun an der Kordel in dem großen Glas versenken. Es darf dabei nicht umfallen.

Wir können beobachten, dass beim Absenken des Glases rote Farbe aufsteigt. Bald ist die gesamte rote Farbe oben im Einmachglas.

Wir lernen: Bei Erhitzung dehnt sich ein Stoff aus, deshalb steigt die Farbe nach oben.

Zauberhafte Haftgläser

(Gläser kleben in der Luft wie von Geisterhand)

Material: 2 gleich große Gläser, 1 Teelicht, 1 Bogen Löschpapier, Wasser, Streichhölzer, Schere

Ablauf:

1. Teelicht in ein Glas stellen
2. Kerze anzünden
3. Löschpapier kreisrund schneiden und anfeuchten
4. auf das Glas mit dem Teelicht legen
5. das andere Glas umgedreht auf das Papier setzen; beide Glasränder müssen abschließen.
6. Die Flamme geht aus.
7. Das obere Glas vorsichtig anheben – Beide Gläser haften wie von Geisterhand aneinander!

Der Wasserberg

Die Kinder füllen ein Glas mit Wasser bis zum Rand. Vorsichtig fügen sie immer weiter Wasser hinzu. Beobachten Sie mir den Kindern den Rand des Glases und schauen Sie zu, wie durch weiteres Hinzufügen ein kleiner Wasserberg entsteht.

Wasser kochen

Der Wasserkreislauf ist eines der zentralen Themen. Am besten lässt sich das beim Wasserkochen erleben. Füllen Sie einen Topf mit Wasser. Vielleicht möchten Sie ja auch gleich noch ein paar Nudeln oder Eier mitkochen? Stellen Sie ihn auf den Herd und erhitzen Sie das Wasser, bis es kocht. Am besten messen Sie die Temperatur mit einem Thermometer. Wenn das Wasser kocht, beginnt es zu brodeln und zu dampfen. Woher kommt der Dampf? Halten Sie den Topfdeckel über den Dampf und die Kinder sehen, wie das Wasser kondensiert, Tropfen entstehen, die wieder in den Topf fallen.

In einem weiteren Experiment, können Sie in einem möglichst kleinen Topf Wasser mit einer ordentlichen Portion Salz vermischen und zum Kochen bringen. Das Salz verschwindet zunächst. Aber was passiert, wenn das Wasser wieder verdampft ist?

Wasserläufer

Wir füllen eine Schüssel mit Wasser und legen ein kleines Quadrat aus Alufolie auf die Wasseroberfläche. Es schwimmt, weil die Oberflächenspannung groß genug ist, um das Gewicht der Folie zu tragen. Zum Vergleich knüllen wir einen kleinen festen Ball aus der Folie – er versinkt, weil das Gewicht im Verhältnis zu seiner Oberfläche viel größer ist.

Nun versuchen wir kleine Wasserläufer aus der Folie zu basteln. Eigentlich sind Wasserläufer Insekten. Sie haben einen dünnen Körper und sechs lange Beine. Aber daran müssen wir uns nicht halten. Wir können beliebige Formen ausprobieren – welche Formen eignen sich besonders gut für unseren Wasserläufer und welche versinken?

Wenn die Farben laufen lernen

Zunächst stellen wir Filterpapierstreifen her. Dazu können wir zum Beispiel helle Kaffeefiltertüten in Streifen schneiden. Auf ein Ende jedes Streifens malen wir mit Filzstift einen dicken farbigen Punkt.

Nun halten wir die Streifen mit dem markierten Ende in eine Schüssel mit Wasser. Das Papier saugt sich voll und die Farbe des Filzstifts wandert den saugfähigen Streifen entlang, weil sie wasserlöslich ist.

Tipp: Statt Streifen können wir auch andere Formen zuschneiden oder die ganzen Filtertüten benutzen. Wir können auch mit mehreren verschiedenen Farben auf die Filter malen oder statt eines Punkts einen Strich oder eine einfache Form malen. So entstehen interessante Muster und Verläufe.

Forschen mit Magneten

Magnete faszinieren Kinder. Wie von Geisterhand lassen sich magnetische Gegenstände bewegen. Probieren Sie mit den Kindern aus, welche Gegenstände magnetisch sind und welche nicht, wie sich gleiche Pole abstoßen und unterschiedliche anziehen.

Der klebende Luftballon

Die Kinder blasen Luftballons auf und reiben diese anschließend an ihren Haaren. Da der Luftballon den Haaren Elektronen entzieht, lädt sich das Haar positiv auf und der Ballon negativ. So ziehen sich Ballon und Haare gegenseitig an und letztere stehen zu Berge. Auch wenn der Ballon nun entfernt ist, stehen die Haare weiter in die Höhe, weil die gleichgeladenen Haare sich gegenseitig abstoßen.

Dies sind nur einige wenige Experimente, die Sie mit den Kindern durchführen können. Sie sind einfach, aber im Ergebnis oft verblüffend. Wenn Sie einmal mit dem Experimentieren begonnen haben, sind die Kinder sicher begeistert. Im Internet oder in der Bibliothek vor Ort finden Sie bestimmt weitere Anregungen für Experimente.

7 Bildungsbereich Mathematik

7.1 Kinder interessieren sich für Zahlen, Mengen und Größen

Wenn Kinder etwas bauen wollen, einen Stuhl oder ein Puppenhaus, dann fangen sie gerne an zu messen und zu rechnen. Das Ganze soll ja nicht „schief und krumm" werden. So lernen die Kinder nebenbei mathematisches Denken, anhand einer konkreten Aufgabe.

Schon in den ersten Lebensjahren entwickeln sich die Grundlagen für mathematisches Denken. Kinder messen aus, schätzen, ordnen, vergleichen, ... durch diese Erfahrungen konstruieren sie sich ihr eigenes Weltbild.

Sie finden es interessant, was größer oder kleiner ist, schwer oder leicht, sie finden es bei Einkaufsspielen spannend, Geld zusammenzuzählen. Das Einkaufsspiel ist sowohl für die mathematische Förderung, als auch für die Sprachförderung gut geeignet, da die Kinder die Spiellebensmittel ja auch benennen.

Wenn wir Kindern Angebote machen, sollten wir unbedingt Aktivitäten mit Zahlen, Mengen usw. einbeziehen.

Als ich kürzlich im Kinderbetreuungsraum einer Erstunterkunft in Hamburg freiwillig den Nachmittagsdienst übernahm, beobachtete ich drei Mädchen zwischen fünf und acht Jahren, die Zahlen aufschrieben.

Als ich mein Interesse zeigte, schrieben sie mir Aufgaben auf einen Zettel, wie „9 + 6 =“ oder „24 – 3 =“ usw.

Sie hatten Spaß daran, dass ich die Ergebnisse dahinter schrieb. Zwischendurch schrieb ich bewusst ein falsches Ergebnis, die Mädchen korrigierten dieses und setzten das richtige Ergebnis dahinter.

Ich wunderte mich darüber, wie sie den Fehler erkannt hatten.

Sie hatten in einem Behälter ganz viele Steine. Diese legten sie in Zehnerreihen nebeneinander.

Wenn sie eine Aufgabe überprüften, legten sie die Mengen, z. B. 9 + 6, aus Steinen zusammen und zählten nach.

Auch die Subtraktionsaufgaben bewältigten sie so.

Einmal brachte ich Muggelsteine und Hölzer aus großen Streichholzschachteln mit, außerdem Zahlenkarten. Ich gab den Kindern die Aufgabe, zu der Zahl immer die entsprechende Anzahl Hölzer oder Steine dazuzulegen. Das ging sehr schnell und sie wollten schwierigere Aufgaben.

Ich schrieb ihnen Aufgaben auf einen Zettel. Die Kinder verschwanden in eine Ecke, steckten die Köpfe zusammen und tüftelten mit Hilfe der Steine und Hölzer die Ergebnisse aus. Sie hatten viel Spaß dabei. Diese Kinder hatten noch nie eine Schule besucht!

Lasst uns also mit ihrer Neugier konstruktiv umgehen!

Eine Lernwerkstatt mit einer Matheecke, einer Forscherecke für Experimente mit Lupen, Mikroskopen usw., eine Sprachmaterialecke mit Wortkisten, Bildkarten und Buchstabenstempeln wären gut für diese Kinder.

Im Folgenden beschreibe ich als Beispiel drei Aktivitäten, die die Lust der Kinder auf Bildung in diesem Bereich fördern.

7.2 Spiele mit Zahlen und Mengen

Atomspiel

Alle Spieler laufen durcheinander. Wenn der Spielleiter klatscht und eine Zahl sagt, müssen sich die Kinder in Gruppen in der Größe dieser Zahl zusammenfinden.

Der Spielleiter sagt z. B. „vier“ und alle Kinder bilden Vierergruppen.

Wer übrig bleibt, scheidet aus. Das Spiel macht viel Spaß und die Kinder lernen dabei Zahlenmengen.

Zahlenshow

Die Kinder haben Zahlen auf Pappen um den Hals hängen. Jedes Kind hat eine andere Zahl. Zunächst stellen sich die Kinder vor: „Ich bin die Sieben!“ Dabei tanzen sie vor der Reihe der anderen Zahlen herum. Nachdem sich alle Zahlen vorgestellt haben, tun sich auch schon mal zwei Zahlen zusammen. Sie versuchen herauszufinden, welche Summe sie zusammengezählt ergeben.

Je nach Alter der Kinder kann man sich verschiedene mathematische Herausforderungen überlegen (Verschiedene Rechenarten, ein drittes Kind ...).

Zahlenhaus

Jedes Kind trägt eine Mütze oder Kappe, auf der eine Zahl steht.

Um das Kind herum liegt ein Band kreisförmig auf dem Boden (das Haus).

In dem Kreis liegen so viele Steine oder Knöpfe, wie die Zahl vorgibt.

Ein Kind kann auch ein anderes Kind in sein Haus einladen. Dann müssen die Kinder zusammenzählen, welche Summe beide Zahlen ergeben.

Natürlich ist es auch möglich, weitere Bewohner von „Häusern" einzuladen oder zu besuchen.

Himmel und Hölle

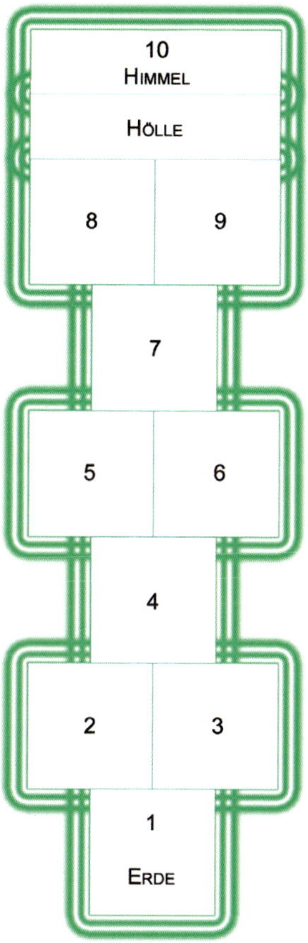

Dieser Klassiker unter den Kinderspielen macht nicht nur allen viel Spaß, sondern eignet sich auch gut zum Erlernen der deutschen Zahlwörter.

Wir zeichnen ein Feld mit nummerierten Kästchen mit Kreide auf den Boden oder ritzen es in den Sand (siehe Grafik).

Das Kind, das an der Reihe ist, wirft seinen Stein in das erste Feld. Dabei spricht es die Zahl laut aus („Eins"). Nun hüpft es auf einem Bein in das Feld. Anschließend wirft es den Stein in das nächste Feld und hüpft hinterher.

In die nebeneinanderliegenden Felder darf der Spieler mit beiden Beinen zugleich springen. Die Hölle darf er nicht betreten.

Wer im Himmel angekommen ist, muss auf die selbe Weise wieder zur Erde zurückhüpfen.

Variante: Für ältere Kinder können wir das Spiel mit mathematischen Aufgaben verbinden.
Z. B. wird die neue Zahl jeweils mit der vorigen addiert ($1 + 2 = 3$, $3 + 3 = 6$, $6 + 4 = 10$). Auch andere Rechenarten sind möglich. Wichtig ist, dass die Zahlen und Rechnungen laut ausgesprochen werden.

Ausblick und Visionen

Viele Politiker und viele Initiativen, die sich für Flüchtlinge einsetzen, wünschen, dass eine Integration dieser Menschen in Deutschland möglich ist. Das ist im Blick auf die hohen Zahlen der zu uns kommenden Kinder, Jugendlichen und Erwachsenen eine große Herausforderung.

Gut ist, dass in vielen Städten und Gemeinden viele Deutschkurse angeboten werden. Gut ist auch, dass es so viele ehrenamtliche Helfer gibt. Hilfreich ist auch die Spendenbereitschaft der Menschen in Deutschland, vor allem wenn es um Kinder und Jugendliche geht. Andererseits gibt es noch viele Probleme, mit denen wir umgehen müssen und einige Hürden, die zu überwinden sind.

Meiner Meinung nach ist es sehr wichtig, Bewohnerinnen der Unterkünfte, in die Aufgaben der Kinderbetreuung mit einzubeziehen, wenn sie pädagogische Kompetenzen aus ihren Herkunftsländern mitgebracht haben.

Wir sollten nicht versuchen die Betreuung der Kinder und Bildungsaktivitäten alleine zu organisieren und zu regeln.

Wir können Bewohnerinnen und Bewohner der Unterkünfte, die sich dafür eignen, mit ins „Boot" nehmen. Wenn wir mit ihnen zusammenarbeiten, ihnen Brücken bauen und sie gut anleiten, dann können sie selbst aktiv werden. Sie leben in den Einrichtungen, sie kennen den Alltag in den Unterkünften. Mit etwas Organisationshilfe und einer geeigneten Fortbildung, könnten sie eine hilfreiche Unterstützung sein.

Weiterhin sollten wir bei Erzieherinnen und Leiterinnen deutscher Kitas und Hortgruppen die Angst davor abbauen, Flüchtlingskinder in ihre Gruppen aufzunehmen.

Auch sie müssen die Möglichkeit haben, in Fortbildungen Ängste und Vorurteile abzubauen und Ideen zum Umgang mit den Flüchtlingskindern und deren Integration entwickeln lernen.

Integration bedeutet auch, dass wir diese Kinder aus ihren Ghettos herausholen und ihnen Kontakte mit deutschen Kindern ermöglichen, so wie wir das bei unseren Festen getan haben. Die deutschen Kinder interessieren sich sehr für Kinder aus anderen Ländern. Sie haben oft tiefes Mitgefühl mit ihnen, wenn sie aus Kriegsgebieten kommen, und möchten den Kontakt zu ihnen. Es sind eher die Erwachsenen, die sich schwer tun.

Meine Vision ist, dass auch diejenigen, die Angst vor Fremden haben und mit Pegida auf die Strasse gehen, erleben, wie bereichernd die Aktivitäten mit und der Kontakt zu den Flüchtlingskindern und ihren Familien ist; wie dankbar sie sind, wie lebendig und wie glücklich über Abwechslung.

Meine Vision ist, dass die Mauern in den Köpfen rechts denkender, ausländerfeindlicher Menschen eingerissen werden.

Meine Vision ist auch, dass die Behörden nicht mehr so starr sind und unkonventionelle Möglichkeiten auch für die Kinderbetreuung schaffen (zum Beispiel den Aufbau gespendeter Zirkuszelte für die Kinderbeschäftigung in großen Zelt- und Containerdörfern). Wichtig ist, dass die Kinder zukünftig in den Unterkünften unter menschenwürdigeren Bedingungen leben, dass sie Möglichkeiten zum Spielen und Malen haben und Bildung erfahren.

Meine Vision ist, dass alle Spendengelder, die mit großem Herzen für Kinder und Jugendliche und Projekte mit ihnen gespendet wurden, auch dort landen. Dies sollte kontrolliert werden.

Unicef, Plan International und der deutsche Kinderschutzbund sind sehr besorgt über die Situation der Kinder in den Flüchtlingsunterkünften in Deutschland.

Lasst uns alle dazu beitragen, dass diese Kinder ihre Kinderrechte in der Realität leben können.

BURCKHARDTHAUS

Regina Grabbet

Laufen, Toben, Springen... Loben

Bewegungsspiele in Kindergruppen

Kinder müssen Unbekanntes mit ihren Sinnen wahrnehmen, wollen sie verstehen und begreifen. Dazu gehören nicht nur Anfassen und Schmecken. Bewegungserfahrungen sind fundamental für das Erfahren und Bewältigen der räumlichen und gegeständlichen Umwelt, des eigenen Körpers und des sozialen Umfelds. Dieses Buch handelt vom Umgang mit der kindlichen Mobilität. ErzieherInnen und Eltern finden hier nicht nur eine profunde pädagogische Basis für den Bewegungsalltag mit ihren Kindern. Eine Vielzahl von erprobten Spielvorschlägen führt direkt in die Praxis.

Broschur, 96 Seiten, 4-fbg. Fotos
9,90 € (D), 10,20 € (A)
ISBN 978-3-944548-11-1

Wir lernen Deutsch

Bildwörterbuch Arabisch-Deutsch

500 Begriffe, Szenen, einfache Sätze

Die Sprache zu lernen, ist ein enorm wichtiger Schritt in unsere Gesellschaft. Das gelingt leicht mit dem Bildwörterbuch. Mit 500 Wörtern, Begriffen und einfachen Sätzen führt es mit lustigen Illustrationen in die deutsche Sprache ein. Das Großformat sowie die klaren und eindeutigen Bilder tragen zum einfachen Lernen bei. So wird das Lernen der Sprache zum Kinderspiel, das mit viel Freude verbunden ist.

Kartoniert, 48 Seiten, 4-fbg. illustriert
5 € (D), 5,10 € (A)
ISBN 978-3-934333-54-3

OBERSTEBRINK